COLLECTION LATOMUS
VOL. 215

TRADIZIONE ANNALISTICA
E TRADIZIONE ELLENISTICA
SU PIRRO IN DIONIGI
(*A.R.* XIX-XX)

LATOMUS

REVUE D'ÉTUDES LATINES

18, av. Van Cutsem, B. 7500 Tournai

La revue **Latomus**, fondée en 1937 par M.-A. **Kugener**, L. **Herrmann** et M. **Renard** et dirigée actuellement par M. Carl DEROUX (Directeur général) et Mme Jacqueline DUMORTIER-BIBAUW (Directeur administratif), publie des articles, des variétés et discussions, des notes de lecture, des comptes rendus, des notices bibliographiques, des informations pédagogiques ayant trait à tous les domaines de la latinité : textes, littérature, histoire, institutions, archéologie, épigraphie, paléographie, humanisme latin, etc.

Les quelque **1000 pages** qu'elle comporte annuellement contiennent une riche documentation, souvent **inédite** et abondamment **illustrée**.

Montant de l'abonnement au tome L (1991) :

Prix pour la Belgique :	2.544 FB, port et TVA compris.
Prix pour l'étranger :	2.610 FB, port compris.

Prix des tomes publiés avant l'année en cours :

pour la Belgique :	2.990 FB, port et TVA compris,
pour l'étranger :	3.100 FB, port compris.

Les quatre fascicules d'un tome ne sont pas vendus séparément.

C.C.P. **000-0752646-23** de la **Société d'études latines de Bruxelles.**

Une réduction de 20% est accordée aux professeurs de l'enseignement secondaire et de l'enseignement supérieur, aux chercheurs qui font partie d'organismes comme le F.N.R.S., aux étudiants.

Pour l'achat des tomes I à XXI, s'adresser à la Johnson Reprint Corporation, 111, Fifth Avenue, New York 3, New York.

Correspondants :

ESPAGNE : J.-M. BLÁZQUEZ, Instituto de Arqueologia, 4, Duque de Medinaceli, E-Madrid 14.

ÉTATS-UNIS ET CANADA : Prof. Allen M. WARD, Dept. of History, Box U-103, University of Connecticut, Storrs, Conn. 06268 (U.S.A.).

FRANCE : M. J. HEURGON, Membre de l'Institut, Le Verger, Allée de la Pavillonne, F-78170 La-Celle-St-Cloud.

ITALIE : Mlle M. L. PALADINI, 13, Via Bellotti, I-20129 Milano.

IMPRIMERIE UNIVERSA, B-9230 WETTEREN (BELGIQUE)

COLLECTION LATOMUS
Fondée par Marcel Renard
VOLUME 215

Maria Teresa SCHETTINO

Tradizione annalistica e tradizione ellenistica su Pirro in Dionigi (*A.R.* XIX-XX)

LATOMUS
REVUE D'ÉTUDES LATINES
BRUXELLES
1991

ISBN 2-87031-155-9
D/1991/0415/129

Aut quid non miraculo est, cum primum in notitia uenit ? Quam multa fieri non posse prius quam sunt facta iudicantur ?
(Pl., *Nat. Hist.* VII 1, 6-7)

ad Angelo

Desidero ringraziare vivamente il prof. E. Van 't Dack, che ha incoraggiato con particolare benevolenza questa indagine durante i miei soggiorni lovaniensi, e i proff. G. Zecchini (Università Cattolica di Milano) e G. Schepens (Katholieke Universiteit Leuven) che hanno letto e discusso con me il testo. Sono grata al prof M. Renard (†) e a Mme *J. Dumortier-Bibauw che hanno accolto il mio lavoro nella Collection Latomus.*

Parma, marzo 1989

INTRODUZIONE

Questa ricerca si collega ai miei precedenti studi sull'annalistica e in particolare sull'interesse dimostrato da eruditi e storici di età imperiale nei suoi confronti. Negli articoli comparsi di recente ([1]) ho cercato, attraverso l'esame dell'opera gelliana, di individuare le tradizioni e gli autori annalistici prediletti nel II sec., le novità rispetto all'opera liviana, le ripercussioni che esse potrebbero aver avuto sugli storici contemporanei e successivi. Da queste indagini è emersa una notevole indipendenza della cultura storiografica del II sec. dalla vulgata liviana a vantaggio di tradizioni annalistiche trascurate, indipendenza che si ripresenta, ovviamente non per via diretta, ma in modo altrettanto sintomatico di cambiamenti di gusto e interesse ormai avvenuti, in storici greci contemporanei e successivi, quali Appiano e Dione ; tali conclusioni mi hanno indotto a proseguire nelle indagini sui rapporti tra annalistica e storiografia greca d'età imperiale, rivolgendo però la mia attenzione ad un autore augusteo, Dionigi d'Alicarnasso. L'opera dionisiana risulta infatti in tal senso particolarmente interessante, per la sua ampiezza ed importanza, per la cultura storiografica del suo autore, perché essa è pressoché contemporanea a quella liviana e infine perché si basa, come testimonia la stessa introduzione metodologica posta nel primo libro, essenzialmente su fonti annalistiche ([2]).

All'interno delle *Antiquitates* ([3]) i ll. XIX e XX, benché frammentari, appaiono tra i più degni di nota : posti a conclusione dell'opera, sono

(1) Cfr. M. T. Schettino, *Interessi storici e letture storiografiche di Aulo Gellio, Latomus*, XLV, 1986, 347-366 ; Ead., *Aulo Gellio e l'annalistica, Latomus*, XLVI, 1987, 123-145.

(2) Cfr. Dion. I, 7, 3 : «Pertanto alcune informazioni le ho derivate dalle conversazioni avute con gli studiosi che ho frequentato, altre consultando le opere dei più quotati autori : Porcio Catone, Fabio Massimo, Valerio di Anzio, Licinio Macro, nonché le tradizioni conservate da famiglie romane, come gli Elii, i Gelli, i Calpurni, e da molte altre di non oscura stirpe. Solo dopo aver consultato le opere di tutti questi storici, le quali sono simili agli annali greci, ho steso la mia storia (trad. Cantarelli)».

(3) Sul significato del titolo dell'opera dionisiana cfr. da ultima F. Cantarelli (a cura di), *Dionisio di Alicarnasso, Storia di Roma arcaica*, Milano, 1984, 11-12.

dedicati in modo pressoché integrale, quasi come una sorta di monografia, ad un unico avvenimento, la guerra romano-epirota ; narrano quindi un evento di grande rilevanza storica e possono essere analizzati, pur con le dovute cautele, in forma autonoma e a sé stante rispetto all'intera opera. Un ulteriore elemento li rende poi ancor più interessanti ; a I 7 e a XX 10 Dionigi cita due autori greci contemporanei dello scontro con Pirro, del quale lasciarono entrambi un resoconto, e cioé Ieronimo di Cardia e l'epirota Prosseno ([4]) ; pertanto lo storico di Alicarnasso potrebbe costituire da un lato, insieme con i frammenti liviani, la nostra fonte più antica per risalire al racconto annalistico sulla spedizione occidentale di Pirro e dall'altro rivelare legami (diretti o indiretti) con la storiografia greca di quell'età.

L'idea da cui prende l'avvio il lavoro è quindi quella di ricostruire, attraverso l'esame del racconto dionisiano su Pirro, le diverse tendenze dell'annalistica in ordine alla guerra romano-epirota, nei loro rapporti reciproci e, qualora emergano sufficienti elementi, con la storiografia greca, tentando inoltre di determinare, quando e ove sia possibile, la selezione e l'uso della stessa annalistica operati da Dionigi.

Il tema rappresenta un campo di indagine ancora aperto, in considerazione del fatto che gli ultimi due libri della *Antiquitates* non sono stati finora oggetto di un esame dettagliato e complessivo ([5]) ; per molti aspetti tuttavia il presente studio si pone sulla strada segnata dalle «Quellenforschungen» dei tempi passati, di cui oggi frequentemente si sottolineano i limiti ; esse però, se condotte con cautela, rimangono, a mio parere, tra i pochi strumenti a disposizione per ampliare le nostre conoscenze circa la prima storiografia romana e la sua fortuna in epoca imperiale, nonché per delineare in modo più completo gli orientamenti metodologici degli storici pervenutici. Se è poi vero che nel caso presente ai consueti motivi di titubanza si possono sommare quelli dovuti alla frammentarietà del testo e alla vasta cultura storiografica e non dell'autore ([6]), tuttavia io credo che l'omogeneità e la coerenza

(4) A XX 10 Dionigi menziona, accanto a Prosseno, anche gli *῾Υπομνήματα Πύρρου*.

(5) Sull'argomento cfr. *infra* pp. 9-11.

(6) Il secondo motivo è peraltro comune a qualsiasi indagine su Dionigi, come già avvertiva nel secolo scorso G. Boschk, *De fontibus libr. V et VI Ant. Rom. Dionysii Hal. quaestiones variae, Leipziger Studien*, XVII, 1895, 166-274 : *quoniam nusquam fere excerpta nuda (Dion.) conseruit, sed plerumque magna cum diligentia exornauit, suis saepe commentis et sententiis permixta reddidit, haud raro molesta paene loquacitate exposuit, difficillimum plerumque est, quid huic, quid illi debeat, diiudicare, aliquanto facilius, quid ipse adiecerit cognoscere.*

del racconto giustifichino e consentano l'indagine, a condizione di evitare, come è ovvio, meccaniche attribuzioni e di riservare l'attenzione maggiore alle tradizioni, annalistiche e non, confluite nella narrazione dionisiana.

***

La «Quellenforschung» sulle *Antiquitates Romanae* ha inizio alla metà dell'Ottocento (7). Proseguita nel corso di questo secolo (8), essa è andata di pari passo con una rivalutazione dello storico di Alicarnasso (9), i cui interessi retorici avevano condizionato a lungo il giudizio degli studiosi moderni (10). Il maggior lavoro sull'opera dionisiana è

(7) A. Kiessling, *De Dionysii Halicarnasei Antiquitatum auctoribus Latinis*, Lipsiae, 1859 ; C. Peter, *Dionysius von Halikarnass und Livius, RhM*, XXIX, 1874, 513-560 ; Bocksch, *De fontibus..., op. cit.*

(8) Cfr. F. Halbfas, *Theorie und Praxis in der Geschichtsschreibung bei Dionys*, Münster, 1910 ; A. Klotz, *Zu den Quellen der Archailogia des Dionysios von Halikarnassos, RhM*, LXXXVII, 1938, 32-50 ; Id., *Livius und Dionys*, Neue Wege zur Antike II-11, Teubner, 1941, 201-303 ; E. Gabba, *Studi su Dionigi di Alicarnasso : la costituzione di Romolo, Athenaeum*, XXXVIII, 1960, 175-225 ; Id., *Studi su Dionigi di Alicarnasso III : la proposta di legge agraria di Spurio Cassio, Athenaeum*, XLII, 1964, (*Studi Malcovati*), 29-41 ; O. Tomasini, *Per l'individuazione di fonti storiografiche anonime latine in Dionigi d'Alicarnasso, AFLT*, 1964-1965, 153-174 ; E. Gabba, *Considerazioni sulla tradizione letteraria sulle origini della Repubblica*, in *Les origines de la République Romaine*, in *Entretiens sur l'Antiquité Classique*, t. XIII, Fondation Hardt, Vandœuvres-Genève, 1966, 135-169 ; W. Pabst, *Quellenkritische Studien zur inneren römischen Geschichte der älteren Zeit bei T. Livius und Dionys von Halikarnass*, Innsbruck, 1969.

(9) Cfr. in specie sull'argomento P. M. Martin, *La propagande augustéenne dans les Antiquitates romaines de Denys d'Halicarnasse (livre I), REL*, XLIX, 1971, 162-179 ; H. Verdin, *La fonction de l'histoire selon Denys d'Halicarnasse, AncSoc*, V, 1974, 289-307 ; E. Gabba, *Storiografia greca e imperialismo romano (III-I sec. a.C.), RSI*, LXXXVI, 1974, 625-642 e da ultimo Id., *La storia di Roma arcaica di Dionigi d'Alicarnasso, ANRW*, II 30-1, Berlin-New York, 1982, 799-816.

(10) Cfr. ad es. E. Schwartz, *RE*, V, 1903, *Dionysios*, coll. 934-961 ; per ulteriori informazioni in tal senso rinvio all'art. di Verdin, *La fonction ..., op. cit.* con esauriente rassegna bibliografica all'inizio.

Sull'attività retorica di Dionigi si veda almeno : W. Rhys Roberts, *The literary circle of Dionysius of Halicarnassus, CR*, XIV, 1900, 439-442 ; G. M. A. Grube, *The Greek and Roman critics*, London, 1955 ; G. Pavano, *Dionisio d'Alicarnasso. Saggio su Tucidide*, Palermo, 1958 ; M. Untersteiner, *Dionisio inventore della critica pseudo-epigrafica, Anales Filologia Clasica*, VII 1, 1959, 12-19 ; G. P. Goold, *A Greek professional circle, TAPhA*, XCII, 1961, 168-192 ; G. Kennedy, *The art of rhetoric in the Roman world*, Princeton, 1970 ; AA.VV., *Le classicisme à Rome aux Iers siècles avant et après J.C.*, in *Entretiens sur l'Antiquité Classique*, t. XXV, Fondation Hardt, Vandœuvres-Genève, 1972 ; S. Cagnazzi, *Politica e retorica nel preambolo del Περὶ*

stato condotto in ogni caso intorno ai primi dieci libri, giuntici, insieme con l'undicesimo, in forma integrale (11) ; dei libri pervenuti frammentari solo il XIX e il XX sono stati oggetto di studio proprio per l'importanza dell'argomento narrato, che ha coagulato su di sé l'attenzione e gli interventi degli studiosi : si pensi soltanto alle numerose monografie su Pirro edite in questo secolo (12). Essi tuttavia non sono stati esaminati insieme e in forma complessiva, ma per singoli passi ; sulle loro fonti

τῶν ἀρχαίων ῥητόρων di Dionigi di Alicarnasso, RFIC, CIX, 1981, 52-59 ; A. Hurst, *Un critique grec dans la Rome d'Auguste. Denys d'Halicarnasse, ANRW*, II 30-1, Berlin-New York, 1982, 839-865 ; K. S. Sacks, *Historiography in the rhetorical works of Dionysius of Halicarnassus, Athenaeum*, LXI, 1983, 65-87.

(11) Sull'opera storica di Dionigi si vd. tra gli altri M. Pavan, *Postille a Dionigi d'Alicarnasso, Memorie Acc. Patavina di Scienze, Lettere ed Arti*, Cl. di Sc. morali LX, Padova, 1946-1947, 1-32 ; E. Gabba, *Storici greci dell'Impero romano da Augusto ai Severi, RSI*, LXXI, 1959, 368-369 ; D. Musti, *Tendenze nella storiografia romana e greca. Studi su Livio e Dionigi d'Alicarnasso, QUCC*, X, Roma, 1970 ; C. Saulnier, *L'histoire militaire de la Rome archaïque chez Denys d'Halicarnasse, Bulletin de l'Ass. G. Budé*, IVe série, 1972, 283-295 ; L. Canfora, *Teorie e tecniche della storiografia classica. Luciano, Plutarco, Dionigi, Anonimo su Tucidide*, Bari, 1974 ; I. E. M. Edlund, *Dionysios of Halicarnassos. Liberty and democracy in Rome, CB*, LIII, 1976, 27-31 ; S. Gozzoli, *Polibio e Dionigi d'Alicarnasso, SCO*, XXV, 1976, 149-176 ; A. Momigliano, *Storiografia greca, RSI*, LXXXVII 1975, 17-46 e successivamente in *VI Contributo alla storia degli studi classici e del mondo antico I*, Roma, 1980, 33-67 ; G. Poma, *Schiavi e schiavitù in Dionigi d'Alicarnasso, RSA*, XI 1981, 69-101 ; S. Usher, *The style of Dionysius of Halicarnassus in the Antiquitates Romanae, ANRW*, II 30-1, Berlin-New York, 1982, 817-838 ; J. M. Alonso-Núñes, *Die Abfolge der Weltreiche bei Dionysios von Halicarnassos, Historia*, XXXII, 1983, 411-426 ; C. Schultze, *Dionysius of Halikarnassus and his audience, Past perspective*, 1986, 121-141.

(12) E. Ciaceri, *Sulla spedizione del re Pirro in Sicilia*, Catania, 1902 ; G. Nenci, *Pirro aspirazioni egemoniche ed equilibrio mediterraneo*, Torino, 1953 ; P. Lévêque, *Pyrrhos*, Paris, 1957 ; A. B. Nederlof, *Pyrrhus van Epirus*, Amsterdam, 1978 ; P. Garouphalias, *Pyrrhus, king of Epirus*, London, 1979.

Sulla guerra pirrica si vd. anche : R. von Scala, *Der Pyrrhische Krieg*, Berlin-Leipzig, 1884 ; R. Schubert, *Geschichte des Pyrrhos*, Königsberg, 1894 ; B. Niese, *Zur Geschichte des pyrrhischen Krieges, Hermes*, XXXI, 1896, 481-507 ; W. Judeich, *König Pyrrhus' römische Politik, Klio*, XX, 1925, 1-18 ; O. Hamburger, *Untersuchungen über den pyrrhischen Krieg*, Diss. Würzburg, 1927 ; W. Hoffmann, *Der Kampf zwischen Rom und Tarent im Urteil der antiken Ueberlieferung, Hermes*, 1936, 11-24 ; P. Wuilleumier, *Tarente, des origines à la conquête romaine*, Paris, 1939 ; A. Passerini, *Sulle trattative dei Romani con Pirro, Athenaeum*, XXI, 1943, 92-112 ; E. J. Bickerman, *Apocryphal correspondence of Pyrrhus, CPh*, 1947, 137-146 ; E. Manni, *Pirro e gli stati greci nel 281-0 a.C., Athenaeum*, XXVII, 1949, 102-121 ; Id., *Roma e Cartagine κατὰ τὴν τοῦ Πύρρου διάβασιν, Κώκαλος*, IV, 1958, 3-7 ; G. Nenci, *Il trattato romano-cartaginese κατὰ τὴν τοῦ Πύρρου διάβασιν, Historia*, VII, 1958, 263-299 ; M. R. Lefkowitz, *Pyrrhus' negotiations with the Romans 280-278 b.C., HSCP*, LXIV, 1959, 147-177.

gli autori moderni hanno quindi offerto non solo soluzioni diverse, ma spesso contraddittorie e inconciliabili, fino ad affermare l'impossibilità di pervenire ad alcuna accettabile conclusione.

Il quadro delle ipotesi più autorevoli finora delineato è in breve il seguente ([13]) :

— Prosseno e Timeo ([14]) ;
— Timeo che riprende Prosseno e Duride ([15]) ;
— Livio ([16]) ;
— Acilio sulla base di documenti greci ([17]) ;
— Ieronimo, Timeo, *Memorie* reali e l'annalistica ([18]) ;
— Prosseno attraverso l'annalistica (forse Acilio) e Timeo ([19]).

In questa sede si vuole procedere a un'analisi sistematica dei frammenti degli ultimi due libri delle *Antiquitates*, ponendone in rilievo la coerenza e i rinvii reciproci sulla base di due punti di riferimento costanti, secondo i quali determinare le peculiarità del racconto dei ll. XIX e XX, i passi paralleli da un lato e il resto dell'opera dionisiana dall'altro ; solo alla luce dei risultati emersi da tali confronti si potranno affrontare in forma organica, per comprovarle o confutarle, le ipotesi proposte da quanti sono finora intervenuti sul testo dionisiano.

Il racconto superstite degli ultimi due libri delle *Antiquitates Romanae* ([20]) copre il periodo dal 282 al 269 a.C. ([21]). Tra di essi emerge

(13) Si tratta di indicazioni vertenti per lo più su passi specifici dell'opera, che saranno dettagliatamente indicati a tempo debito.

(14) Cfr. ad es. von Scala, *Der Pyrrhische ...*, op. cit.

(15) Cfr. Schubert, *Geschichte ...*, op. cit.

(16) Cfr. Niese, *Zur Geschichte...*, op. cit.

(17) Cfr. Bickerman, *Apocryphal correspondence ...*, op. cit.

(18) Cfr. Lévêque, *Pyrrhos...*, op. cit. Si afferma generalmente che Dionigi abbia utilizzato soprattutto gli annalisti del tempo di Silla o di Cicerone : cfr. A. Rosenberg, *Einleitung und Quellenkunde zur römische Geschichte*, Berlin, 1921, 159 e Gabba, *La storia ...*, 799-800, ma secondo il Lévêque il racconto su Pirro non permette di verificare questa asserzione.

(19) Cfr. V. La Bua, *Prosseno e gli ὑπομνήματα Πύρρου, III Miscellanea greca e romana*, Roma, 1971, 1-61.

(20) I ll. XIX e XX delle *Antiquitates Romanae* ci sono giunti, come si è già notato, solo per *excerpta*, circa la cui consistenza e modalità di tradizione basti rinviare alla nota filologica di Jacoby nella sua edizione dell'opera dionisiana (*Dionysii Halicarnasei*

peraltro un'evidente sproporzione, mentre i frammenti del l. XIX sono interamente dedicati ai primi due anni di guerra (282-280 a.C.) ([22]), quelli del XX riguardano un periodo ben più ampio, dieci anni, dal 279 al 269 a.C. ([23]). Che tale disparità fosse presente anche nel testo originario si può arguire da alcuni elementi. Innanzitutto, poiché Dionigi ama scegliere episodi significativi per concludere i suoi libri ([24]), è probabile che l'ambasceria romana successiva alla battaglia di Eraclea, trattata dallo storico in modo ampio e dettagliato, segnasse realmente la fine del l. XIX, che in ogni caso non doveva potrarsi molto oltre, dal momento che gli avvenimenti dalla battaglia di Ascoli sono riservati al l. XX ([25]). Inoltre, poiché il brevissimo racconto (quattro capitoli sulla terza guerra sannitica) pervenutoci dei ll. XVII e XVIII, che giunge

Antiquitatum Romanarum quae supersunt, Stutgardiae, 1968), edizione alla quale qui ci si attiene.

(21) Il l. XX doveva tuttavia giungere sino al 265 a.C., secondo quanto afferma lo stesso Dionigi a I 8, 2 : «Estendo la mia trattazione sino agli inizi della prima guerra punica, nell'anno III della 128a Olimpiade (= 265 a.C.)».

(22) In dettaglio gli avvenimenti sopravvissuti del XIX, dopo una serie di *κτίσεις* di alcune città della costa ionica (XIX 1-4,1), sono i seguenti : lo scontro navale nelle acque tarantine del 282 a.C. (XIX 4, 2), la successiva ambasceria di Postumio nella città italiota (XIX 5), la discussione nel senato romano dopo il rientro dei legati da Taranto (XIX 6), la spedizione di Emilio Barbula (XIX 7), la situazione interna a Taranto (XIX 8), lo scambio epistolare tra Pirro e Valerio Levino prima della battaglia di Eraclea (XIX 9-10), la cattura della spia nel campo romano (XIX 11), l'atto di eroismo di Oblaco durante lo scontro di Eraclea (XIX 12), l'ambasceria romana a Pirro per trattare la liberazione dei prigionieri (XIX 13), il colloquio privato, verificatosi nella stessa occasione, tra Pirro e C. Fabrizio Luscino (XIX 14-18).

(23) Il XX libro si apre, nel testo a noi giunto, con la battaglia di Ascoli (XX 1-3), prosegue con l'episodio di Decio (XX 4-5), la restituzione dei prigionieri da parte di Pirro nel 278 a.C. (XX 6), le vicende di alcuni tiranni (Clinia, Anassila, Dionigi I : XX 7), la spedizione di Pirro in Sicilia (XX 7), il saccheggio da parte del re epirota del tempio di Persefone a Locri (XX 9), la battaglia di Benevento (XX 10-12), l'espulsione dal senato di P. Cornelio Rufino da parte di C. Fabrizio (XX 13), l'ambasceria romana a Tolemeo Filadelfo (XX 14), la resa spontanea del Bruzio (XX 15), una seconda rivolta a Regio (XX 16-17), la sollevazione nel Sannio del 269 a.C. (XX 17).

(24) Ad es. il V libro (primo tra quelli dedicati alla Repubblica) si chiude con l'elezione del primo dittatore, il VI con la morte di Menenio Agrippa, il VII con l'esilio di Coriolano, l'VIII con la dichiarazione di guerra contro Veio, il IX con il trionfo di Lucrezio e Veturio nella stessa guerra, il X con l'elezione dei decemviri, l'XI con il censimento del 443 a.C.

(25) Con tale battaglia si apre infatti, nel racconto superstite, il l. XX, il cui inizio si può ritenere che, qualora con coincidesse con questo scontro (estate del 279 a.C. : cfr. LÉVÊQUE, *Pyrrhos* ..., 399), ne ripercorresse almeno i preparativi e gli antefatti (primi mesi del 279 a.C.).

sino al 291 a.C. (26), appare organico e coerente anche dal punto di vista cronologico, si può ipotizzare che esso si collochi alla fine del XVII e all'inizio del XVIII libro e che quindi gli avvenimenti dal 291 a.C. (ultimo termine per noi del l. XVIII) al 282 a.C. (primo termine del XIX) fossero contenuti nello stesso XVIII libro. Se tali osservazioni hanno un qualche valore, bisogna ritenere che il l. XIX fosse dedicato esclusivamente ai primi due anni della spedizione di Pirro e che a questo periodo Dionigi rivolgesse dunque la sua maggiore attenzione. Il l. XIX rappresenta, inoltre, una narrazione unitaria, ispirata nella sua interezza allo scontro tra i Romani e Pirro, non così il XX, ove trovano spazio altri avvenimenti e interessi (27). Dionigi deve aver quindi iniziato, nel l. XIX, il racconto della spedizione di Pirro in modo dettagliato, per ampliare poi il suo orizzonte, una volta trattate le vicende dei primi due anni di guerra.

* * *

Il primi frammenti del l. XIX narrano le origini di alcune città della costa ionica : Crotone (XIX 1, 1), Taranto (XIX 1, 2-4), Regio (XIX 2), Gallipoli (XIX 3), Locri (XIX 4, 1). La digressione, posta a premessa del successivo racconto della guerra pirrica, rivela l'importanza attribuita dall'autore ai centri del litorale ionico per il periodo che si appresta a narrare. Egli segue nell'esposizione un ordine cronologico, forse anche nel caso di Regio (28). L'elenco nel testo originario doveva peraltro essere più ampio ; la menzione a XIX 1 di Sibari, sita nella medesima zona, in connessione con Crotone (29) induce a ritenere che Dionigi narrasse, prima di quest'ultima, dell'altra città italiota (30).

(26) In merito ai frammenti di questi due libri lo JACOBY, (a cura di) *Dionysii ...*, IX, avverte : *Librorum XVII et XVIII fragmenta distinguere non potuit propter perturbationem qua numerorum notae apud Stephanum Byzantium confusae sunt.*

(27) Cfr. *supra* p. 12 nn. 22-23.

(28) La cronologia tradizionale pone la fondazione di Crotone nel 709 a.C., di Taranto nel 706 a.C., di Regio nel 730 a.C., di Locri nel 673 a.C., tuttavia varrà ricordare che in DIOD. VIII 23 la fondazione di Regio è connessa con quella di Gela e posta quindi dopo il 688/7 a.C. : il passo diodoreo dimostrerebbe cioé l'esistenza di una diversa cronologia, a cui potrebbe aver fatto riferimento anche Dionigi. Sull'argomento cfr. E. CIACERI, *Storia della Magna Grecia*, I, Milano, 1928², 215-236 ; G. VALLET, *Rhégion et Zancle*, Paris, 1958 ; E. MANNI, *L'oracolo delfico e la fondazione di Regio*, in *Perennitas*, Studi in onore di A. Brelich, Roma, 1980, 312-320.

(29) *A.R.* XIX 1 : *῞Οτι Κρότων πόλις ἐν Ἰταλίᾳ ἐστὶ καὶ Σύβαρις ἀπὸ τοῦ παραρρέοντος ποταμοῦ οὕτως κληθεῖσα.*

(30) L'ipotesi confermerebbe l'ordine cronologico della digressione.

Se del racconto su Crotone (XIX 1, 1) e Locri (XIX 4, 1) rimangono solo brevi cenni, in forma più ampia si estende quello su Taranto, Regio e Gallipoli. Dionigi narra che i Parteni, nati da unioni casuali verificatesi durante la prima guerra messenica tra donne spartane e soldati inviati a turno dall'accampamento lacedemone, al termine di una rivolta che li vide sconfitti, decisero di lasciare Sparta e, secondo il consiglio dell'oracolo di Delfi, si diressero verso la Iapigia e cercarono il luogo ove «il capro immerge la barba nel mare». Si stanziarono così presso il fiume Taranto, dove una vite che, avvinta ad un fico, immergeva uno dei suoi rami nell'acqua sembrò loro simbolo del messaggio divino, e ivi, dopo aver combattuto con le popolazioni iapige, fondarono la città che dal nome del fiume fu chiamata Taranto (XIX 1, 2-4) ([31]).

L'origine di Regio risale invece alle indicazioni fornite al calcidese Artimede dall'oracolo di cercare il luogo in cui vedesse «un maschio giacere sotto la femmina». Egli si stanziò laddove scorse una vite avviluppata intorno ad un fico selvatico (ritenendo l'una femmina, l'altro maschio) e dopo aver scacciato i barbari, fondò Regio, per il cui nome Dionigi propone tre diverse etimologie (XIX 2) ([32]).

Infine lo spartano Leucippo, avendo ricevuto dal dio l'ordine di dirigersi verso l'Italia e di stanziarsi nel luogo ove si sarebbe trattenuto per un giorno e una notte, con un inganno ai danni dei Tarantini riuscì ad occupare Gallipoli, porto della città (XIX 3) ([33]).

Nel racconto su Taranto si nota una certa attenzione da parte di Dionigi verso i problemi sociali. L'accenno a Sparta, madrepatria di Taranto, *χῆρος ἀνδρῶν* durante la prima guerra messenica, è strettamente congiunto nel testo con la richiesta delle donne a non permettere che rimanessero *ἀγάμους* e *ἀτέκνους*, istanza che sembra muovere soprattutto

(31) Sull'origine di Taranto cfr. WUILLEUMIER, *Tarente* ..., 29-47 ; AA. VV., *Taranto nella civiltà della Magna Grecia — Atti del decimo convegno di Studi sulla Magna Grecia* (Taranto, 4-11 Ottobre 1970), Napoli, 1971 ; G. C. BRAUER Jr., *Taras : its history and coinage*, New Rochelle-New York, 1986, 3-10.

(32) *A.R.* XIX 2, 2 : *Ῥήγιον ὁ τόπος καλεῖται, εἴθ' ὅτι σκόπελος ἦν ἀπορρώξ, εἴθ' ὅτι κατὰ τοῦτον ἡ γῆ τὸν τόπον ἐρράγη καὶ διέστησεν ἀπὸ τῆς Ἰταλίας τὴν ἀντικρὺ Σικελίαν, εἴτε ἀπ' ἀνδρὸς δυνάστου ταύτην ἔχοντος τὴν προσηγορίαν.*

(33) Leucippo aveva ottenuto dai Tarantini il permesso di fermarsi presso Gallipoli per un giorno e una notte (*ἡμέραν καὶ νύκτα*) ; quando però i Tarantini gli chiesero di partire, Leucippo si rifiutò, affermando di aver ricevuto quella terra per il giorno e la notte (*εἰς ἡμέραν καὶ νύκτα*) : egli quindi, fino a quando fosse sussistito uno di questi elementi, non se ne sarebbe allontanato.

dal timore per gli effetti che un eventuale spopolamento potrebbe produrre e che richiama le osservazioni polibiane sulla crisi della famiglia e della natalità in Grecia (Pol. XX 6, 5-6 ; XXXVI 17). Motivazioni sociali si intravedono anche nei contrasti, sfociati in una sedizione, tra i Lacedemoni e i Parteni, nati dalle unioni casuali verificatesi durante la prima Messenica ([34]).

Per il resto il racconto delle fondazioni di Taranto e Regio procede secondo un analogo schema : il responso dell'oracolo, la vite e il fico avvinghiati insieme e l'interpretazione simbolica del messaggio divino, la guerra con le popolazioni preesistenti, l'origine del nome. L'ingegnosità umana, capace di svelare l'enigma oracolare, collega le due *κτίσεις* con il successivo racconto della seconda migrazione spartana verso Taranto, guidata da Leucippo : egli piega ai suoi scopi la volontà divina e con un inganno ottiene il permesso da parte dei Tarantini di risiedere presso Gallipoli. Dionigi quindi, benché ritenga il responso divino guida dei fondatori, tuttavia riconosce all'intelligenza umana un ruolo fondamentale nell'edificazione delle nuove colonie : il volere divino non si realizza senza l'intervento umano. L'analogo procedimento e talora la vera e propria congruenza dei racconti indica che Dionigi ha seguito un criterio comune, in virtù del quale le *κτίσεις* risultano raccolte per tipologie non solo geografiche, ma anche narrative.

Per tale sequenza iniziale il l. XIX ricorda peraltro il l. I delle *Antiquitates* ; come in questo l'autore propone, a introduzione della storia romana, le *κτίσεις* delle più importanti località della penisola fino all'edificazione della stessa Roma, così in quello riunisce, a preludio del conflitto tarantino, le fondazioni delle città della costa ionica : l'*excursus* sembrerebbe porsi simmetricamente al primo e rivestire quasi la funzione all'interno dell'opera di nuovo prologo. Esso in tal senso potrebbe forse sancire la conclusione della prima fase della storia romana e indicare l'inizio di un nuovo periodo : lo spartiacque sarebbe rappresentato dall'arrivo di Pirro ; se infatti le guerre sannitiche furono combattute ancora con popolazioni residenti nella penisola, con il conflitto tarantino i Romani si scontrarono con il *primus hostis transmarinus*.

(34) Poiché cause analoghe (i contrasti sociali) compaiono anche in ordine ad altre fondazioni narrate nelle *Antiquitates Romanae* (cfr. ad es. quella di Pallantea : *A.R.* I 31), si può forse ritenere che Dionigi le considerasse tra i motivi più diffusi all'origine di esili e migrazioni e vi risalisse di frequente per spiegare le edificazioni di città.

L'intenzione di Dionigi è di concludere con il 265 a.C. la sua opera, laddove iniziava Polibio, tuttavia sottolineando nella guerra con Pirro una prima svolta nella storia romana, egli rivelerebbe una consonanza col pensiero timaico, secondo il quale la guerra romano-epirota aveva costituito il fondamento del futuro Occidente [35] : Dionigi rivaluterebbe quindi la visione dello storico di Tauromenio accanto a quella di Polibio, che aveva assunto quale avvio cronologico della sua storia le guerre puniche, nella convizione che segnassero l'inizio della conquista dell'orbe da parte di Roma : (Pol. I, 1, 5) ... *πῶς καὶ τίνι γένει πολιτείας ἐπικρατηθέντα σχεδὸν ἅπαντα τὰ κατὰ τὴν οἰκουμένην ἐν οὐχ ὅλοις πεντήκοντα καὶ τρισὶν ἔτεσιν ὑπὸ μίαν ἀρχὴν ἔπεσε τὴν Ῥωμαίων, ὃ πρότερον οὐχ εὑρίσκεται γεγονός* ... [36].

(35) Sull'argomento cfr. A. Momigliano, *Atene nel III secolo e la scoperta di Roma nelle Storie di Timeo di Tauromenio, RSI*, LXXI 1959, 529-556 = *III Contributo alla storia degli studi classici e del mondo antico*, I, Roma, 1966, 23-53.

(36) Sulle divergenze tematiche e talora metodologiche tra Dionigi e Polibio cfr. Gozzoli, *Polibio ...*, 149-176. Consistenti coincidenze in campo metodologico tra i due storici ravvisa invece Verdin, *La fonction ...*, 296-307.

CAPITOLO PRIMO

DALLO SCONTRO NELLE ACQUE TARANTINE ALL'AMBASCERIA ROMANA A PIRRO (*A.R.* XIX)

Dionigi XIX 4, 1-5 : lo scontro navale e l'ambasceria di Postumio

Dopo l'*excursus* di XIX 1-4,1, a cui si è in precedenza accennato, Dionigi, nei frammenti successivi, rivolge la sua attenzione ai rapporti tra Romani e Tarantini, che costituirono la premessa della spedizione di Pirro in Occidente. A XIX 4, 2 egli accenna ad un tarantino dissoluto, dedito ai piaceri e soprannominato Taide, in quanto prostituiva tra i giovinetti la sua bellezza eccessiva [1] ; ricorda poi un reclutamento tra il popolo e nomina i più insolenti (*σπερμολογώτατοι*) e rozzi (*ἀναγωγότατοι*) della città. Si tratta, probabilmente, del racconto, frammentario ed incompleto, superstite solo nelle sue frasi iniziali, dell'attacco da parte tarantina contro la flotta romana di dieci navi, che in violazione degli accordi del 303/2 a.C. aveva oltrepassato capo Lacinio e si era presentata dinanzi al porto della città italiota [2].

(1) Il nome del personaggio risulta Ainesias in Dion. XIX 4, 2 (così nell'ediz. teubneriana curata da C. Jacoby, laddove sulla base del cod. Ambr. il Kiessling leggeva *αἰνησίας*, mentre in quella di E. Cary, «Loeb Class. Libr.», è preferita la correzione nell'aggettivo *ἀναιδής*), Filocare in App., *Samn.* VII 1, non compare in Dio IX 39, 5. Il nome dionisiano è attestato nel mondo spartano (cfr. ad es. Thuc. II 2, 1 e Xen., *Hell.* II 3, 9 in riferimento all'eforo spartano, sotto cui ebbe inizio la guerra del Peloponneso) ; tale circostanza indurrebbe a credere che non si tratti di un nome fittizio, benché non si possa giungere a dissipare del tutto i dubbi circa la sua autenticità. Dionigi inoltre rispetto sia ad App., *Samn.* VII 1 che a Dio IX 39, 5 fornisce del personaggio una descrizione più ampia e accurata nei dettagli con l'intento di rilevarne maggiormente le deprecabili abitudini morali.

(2) La clausola del trattato ci è conservata solo da App., *Samn.* VII 1 : *Ὅτι Κορνήλιος ἐπὶ καταφράκτων δέκα νεῶν ἐθεᾶτο τὴν μεγάλην Ἑλλάδα, καί τις ἐν Τάραντι δημαγωγὸς Φιλόχαρις, αἰσχρῶς τε βεβιωκὼς καὶ παρὰ τοῦτο καλούμενος Θαΐς, παλαιῶν τοὺς Ταραντίνους ἀνεμίμνησκε συνθηκῶν, μὴ πλεῖν Ῥωμαίους πρόσω Λακινίας ἄκρας, παροξύνας τε ἔπεισεν ἐπαναχθῆναι τῷ Κορνηλίῳ.* Un velato rinvio si deve forse rintracciare in Zon. VIII 2 : *ναυαρχοῦντος δὲ Λουκίου Οὐαλλερίου, καὶ τριήρεσι προσορμίσαι βουληθέντος ἐς Τάραντα ... φίλιον τὴν χώραν ἡγούμενος ...*, ove il *φίλιον* indicherebbe appunto la stipulazione di un accordo. In tal caso la testimonianza, secondo cui la flotta romana si dirigerebbe verso Taranto sicura delle relazioni di amicizia strette da Roma con la città della Magna Grecia, sovvertirebbe il racconto appianeo, rinviando al trattato

Il frammento successivo (XIX 5) ricorda infatti l'invio a Taranto dell'ambasceria romana guidata da Postumio al fine di ottenere riparazione del grave affronto subito. Il legato, però, accolto con disinteresse, viene deriso per il suo greco scorretto e insieme con i colleghi appellato barbaro (3). Mentre gli ambasciatori, infine cacciati, abbandonano il teatro, un ubriacone, un certo Filonide dal soprannome di Kotyle, con un gesto indecente ne lorda le vesti ; Postumio risponde a quest'ultima ingiuria con parole che suonano di minaccia e tra il riso ribadisce che i Tarantini avrebbero lavato quegli abiti ora offesi e insudiciati con il loro sangue.

L'irruzione romana nelle acque tarantine è posta dal Beloch e dal Wuilleumier nel 282 a.C., mentre nel 281 a.C. la collocano il von Scala e, sulla sua scorta, il Manni (4). La pronta e violenta reazione incontrata dai Romani, nel racconto di Dionigi, si rivela il gesto sconsiderato dei peggiori tra i Tarantini, tuttavia varrà notare che la natura delle attribuzioni negative riservate dallo storico agli abitanti della città

per giustificare l'operato romano e tacendone di conseguenza la clausola di divieto riportata da Appiano.

Quanto alla datazione del trattato, accolgono il 303/2 a.C. B. G. Niebuhr, *Römische Geschichte*, III, Berlin, 1853, 318 ; B. Niese, *Geschichte der griechisch. und maked. Staaten*, I, Gotha, 1893, 479 n. 5 e II, ivi 1899, 28 ; K. J. Beloch, *Römische Geschichte*, Berlin-Leipzig, 1926, 435 ; Wuilleumier, *Tarente* ..., 95 n. 2 e 102 ; G. De Sanctis, *Storia dei Romani*, II, Firenze, 1960², 361 ; M. Sordi, *Roma e i Sanniti nel IV sec. a.C.*, Bologna, 1969, 78 e 80-87 ; L. Santi-Amantini, *La data del trattato di navigazione fra Roma e Taranto e la situazione politico-sociale di Roma, Memorie dell'Ist. Lomb. di Scienze e Lettere*, 1975, 173-190, a cui rinvio per ulteriori informazioni bibliografiche e per la discussione di proposte cronologiche diverse da quella qui accettata.

(3) Dion. XIX 5, 1 sottolinea più delle altre fonti il motivo linguistico, rivelandosi, in sintonia con i suoi interessi retorici, particolarmente sensibile al rapporto culturale tra Romani e Greci. In App., *Samn.* VII 2 il riso è suscitato, oltre che dal greco scorretto degli ambasciatori, dal loro abito e solo quest'ultimo motivo rimane in Dio IX 39, 6, il cui racconto, evidenziando che la derisione tarantina precede qualsiasi asserzione dei legati, pare affermare senza ombra di dubbio la premeditazione e la volontà belligerante della città italiota. Secondo Garouphalias, *Pyrrhus* ..., 301-302 n. 16, il fatto che Postumio parli in greco senza un interprete, benché egli commetta errori, avvalora l'ipotesi che al tempo di Pirro l'aristocrazia romana conoscesse il greco, quale lingua internazionale e diplomatica. P. Grimal, *Le siècle des Scipions*, Paris, 1975², 50 n. 8, sostiene infine che Postumio parlava molto bene il greco e non come un barbaro, ma che i Tarantini classificarono erroneamente il suo linguaggio in tal modo, in quanto egli non si esprimeva nel loro dialetto.

(4) K. J. Beloch, *Griechische Geschichte*, IV, 1 Abteil, Berlin, 1925², 547 ; Wuilleumier, *Tarente* ..., 99-100 ; di contro von Scala, *Der Pyrrhische* ..., 122 ; Manni, *Pirro* ..., 115 n. 1. Si vd. anche F. Cassola, *I gruppi politici romani nel III sec. a.C.*, Trieste, 1962, 162.

italiota risulta più di carattere morale che politico ; diversamente si profila la questione in Appiano, che qualificando Taide, ispiratore dell'attacco, innanzitutto come «demagogo» individua in questo modo nei democratici gli avversari dei Romani (5). Intenzionato a fornire un racconto caratterizzato da toni morali rilevati, ma privo di interpretazioni politiche, Dionigi non accenna né al dibattito svoltosi e alle proposte conciliatrici offerte dai Romani (6) né alla posizione assunta dai due avversari nel corso della vicenda. L'intera narrazione è invece pervasa da censure morali : dissoluto è Taide (XIX 4, 2), *σπερμολογώτατοι* e *ἀναγωγότατοι* sono coloro che attaccano le navi romane (XIX 4, 2), ancora *σπερμολόγος*, oltre che dedito al vino, è Filonide che offende pubblicamente Postumio (XIX 5, 2 e XIX 5, 3). I Tarantini, ora attraverso personaggi particolari ora in generale, appaiono quindi descritti come dissoluti (XIX 4, 2 ; 5, 2 ; 5, 3), privi di *σωφροσύνη* (XIX 5, 1), dediti al vino (XIX 5, 2), colpevoli di *ὕβρις* (XIX 5, 2 ; 5, 5). Dionigi, lontano da catalogazioni politiche, come si è già detto, non coglie neppure divisioni all'interno di Taranto né individua un partito filo-romano esente da colpe (7), insiste tuttavia sulla presenza di un gruppo particolarmente ostile ai Romani, tacciato più degli altri di impudenza e rozzezza (ma l'interesse è sempre di carattere esclusivamente morale) (8) ; la natura morale della accuse stinge talora nel giudizio sociale, rivelando in tal modo una tendenza anti-democratica.

La riprovazione morale di Taranto apparteneva già alla tradizione greca, ove si inseriva alla fine della sequenza, sintesi teorica della storia della città italiota, *δύναμις* — *τρυφή* — *ὕβρις*, che trova la sua prima formulazione completa in Clearco (9). Tale sequenza, che motiva e si conclude nel frequente ricorso a generali stranieri, rappresenta l'interpretazione sistematica elaborata dal mondo greco sul declino di Taranto

(5) Dione (IX 39, 5) invece, secondo il quale i Tarantini, senza alcuna distinzione, meditavano e preparavano la guerra già tempo prima dell'intrusione romana, accomuna l'intera città nel suo giudizio, esclusivamente politico, e presenta la versione più favorevole ai Romani.

(6) Cfr. App., *Samn.* VII 2. Giudica modiche le richieste romane De Sanctis, *Storia* ..., II 361.

(7) Cfr. Dion. XIX 5, 1 ; XIX 5, 3 ; XIX 5, 5.

(8) Cfr. Dion. XIX 4, 2 e XIX 5, 3.

(9) Cfr. Clearco, fr. 48 Wehrli (Athen. XII 522d) ; già tuttavia in Plat., *Leges*, I 637b e Theop., *FGH*, 115 F 100 (Athen. IV 166e), 233 (Athen. IV 166e-f) i Tarantini sono descritti come dediti alle feste e ai piaceri. Sulle interpretazioni antiche della storia di Taranto cfr. in particolare Hoffmann, *Der Kampf* ..., 22 e Wuilleumier, *Tarente* ..., 233-235.

e si ritrova in Polibio ([10]), Strabone ([11]), Plutarco ([12]) e Dione ([13]). In Dionigi il processo risulta monco delle sue tappe iniziali (la *δύναμις* e la *τρυφή* tarantine) e del suo motivo di fondo (la *δύναμις* e *τρυφή* generatrici di *ὕβρις* e causa del ricorso a Pirro che renderà schiava la città), la *ὕβρις* della città italiota nasce invece dalla sua sconcezza e dissennatezza, peraltro non causate dalla prosperità, ma sue caratteristiche congenite. Dionigi quindi, se pure accoglie alcuni motivi propri della tradizione greca su Taranto (lussuria, *ὕβρις*), sembrerebbe assumerli in forma indipendente dalla primigenia elaborazione teorica e presentarli in una veste congruente con la caratterizzazione romana del mondo greco : dissoluto e dissennato ([14]). Riprova di quanto fin qui asserito giunge dallo stesso Dionigi, che a XIX 8, con diversa tendenza, ripropone la sintesi greca su Taranto, affermando, tramite Metone, un aristocratico tarantino, che la città *ἐλευθέραν καὶ τρυφῶσαν* diventerà schiava per l'arrivo del re ([15]).

Se il motivo della *σωφροσύνη* è peraltro tipicamento dionisiano e si ripresenta in altri luoghi delle *Antiquitates* ([16]), l'insistenza sulla

(10) Cfr. Pol. VIII 24 (26) : *῞Οτι οἱ Ταραντῖνοι διὰ τὸ τῆς εὐδαιμονίας ὑπερήφανον ἐπεκαλέσαντο Πύρρον τὸν Ἠπειρώτην· πᾶσα γὰρ ἐλευθερία μετ' ἐξουσίας πολυχρονίου φύσιν ἔχει κόρον λαμβάνειν τῶν ὑποκειμένων, κἄπειτα ζητεῖ δεσπότην· τυχοῦσά γε μὴν τούτου ταχὺ πάλιν μισεῖ διὰ τὸ μεγάλην φαίνεσθαι τὴν πρὸς τὸ χεῖρον μεταβολήν·* Sul passo polibiano cfr. F. W. Walbank, *A historical commentary on Polybius*, II, Oxford, 1967, 101.

(11) Cfr. Strabo VI 280 : *ἐξίσχυσε δ' ἡ ὕστερον τρυφὴ διὰ τὴν εὐδαιμονίαν, ὥστε τὰς πανδήμους ἑορτὰς πλείους ἄγεσθαι κατ' ἔτος παρ'αὐτοῖς ἢ τὰς ἡμέρας· ἐκ δὲ τούτου καὶ χεῖρον ἐπολιτεύοντο. ἓν δὲ τῶν φαύλων πολιτευμάτων τεκμήριόν ἐστι τὸ ξενικοῖς στρατηγοῖς χρῆσθαι· καὶ γὰρ τὸν Μολοττὸν Ἀλέξανδρον μετεπέμψατο ἐπὶ Μεσσαπίους καὶ Λευκανούς, καὶ ἔτι πρότερον Ἀρχίδαμον τὸν Ἀγησιλάου καὶ ὕστερον Κλεώνυμον καὶ Ἀγαθοκλέα, εἶτα Πύρρον, ἡνίκα συνέστησαν πρὸς Ῥωμαίους· ουδ' ἐκείνοις δ'εὐπεθεῖν ἠδύναντο οὓς ἐπεκαλοῦντο, ἀλλ' εἰς ἔχθραν αὐτοὺς καθίστασαν.*

(12) Cfr. Plut., *Pyrrh.* XIII 2 sqq. ; XVI 2, che presenta una versione ostile sia alla democrazia tarantina sia a Pirro, il distruttore della libertà. Sulla fonte del passo plutarcheo cfr. Hamburger, *Untersuchungen* ..., 14 ; Wuilleumier, *Tarente* ..., 104 ; Lévêque, *Pyrrhos* ..., 35-36 e 302, che pensano ad un annalista ; *contra* Schubert, *Geschichte* ..., 35 e Hoffmann, *Der Kampf* ..., 22 che la individuano in un aristocratico tarantino trasmesso via Timeo.

(13) Dio IX 39, 3 : ... *ὥστε καὶ ἐπαληθεῦσαι ὅτι καὶ αἱ εὐπραγίαι, ἐπειδὰν ἔξω τοῦ συμμέτρου τισὶ γένωνται, συμφορῶν σφισιν αἴτιαι καθίστανται· προαγαγοῦσαι γὰρ αὐτοὺς ἐς τὸ ἔκφρον (οὐδὲ γὰρ ἐθέλει τὸ σῶφρον τῷ χαύνῳ συνεῖναι) τὰ μέγιστα σφάλλουσιν, ὥσπερ που καὶ ἐκεῖνοι ὑπερανθήσαντες ἀντίπαλον τῆς ἀσελγείας κακοπραγίαν ἀντέλαβον.*

(14) Cfr. N. Petrochilos, *Roman attitudes to the Greeks*, Athens, 1974, 35-53.

(15) Terminologia analoga si ritrova in Polibio e Strabone : cfr. *supra* p. 22 nn. 10 e 11.

(16) Cfr. Gabba, *La costituzione* ..., 190.

sconcezza e la lascivia che alberga in uno stato e ne indica la dissolutezza morale assume qui un rilievo del tutto particolare e caratterizza in modo specifico il passo. Tale tema, proposto in forma così accentuata da apparire estraneo ai motivi consueti dell'opera, richiama invece da vicino quelli cari al mondo romano dal periodo della conquiste in Oriente e in specie dalla guerra siriaca, quando si diffuse in modo esteso e insistente il tema della dissolutezza greca ed il timore che essa minasse alle radici i probi ed onesti costumi dei Romani (17) : nel racconto dionisiano sarebbero cioé confluiti alcuni motivi propri dell'annalistica del II sec. a.C.

La narrazione è inoltre caratterizzata da una tendenza non solo anti-tarantina, ma anche anti-democratica (18) che in una fonte romana indurrebbe a collocarne il luogo d'origine nell'ambiente dell'aristocrazia senatoria, istintivamente portato all'equazione *δῆμος* = plebe ; varrà peraltro ricordare che la versione di *A.R.* XIX 5, 2-5, presentando l'attacco alle navi romane come gesto inconsulto e non premeditato e spostando la polemica dal piano politico al piano morale, risulta nel complesso più moderata di quella dionea (19).

(17) Cfr. PETROCHILOS, *Roman attitudes* ..., 69-87 ; ricordo che nel 187 a.C. l'accusa contro gli Scipioni, filoellenici, fu proprio di *luxuria.* Sull'argomento cfr. G. ZECCHINI, *Cn. Manlio Vulsone e l'inizio della corruzione a Roma, CISA* VIII, 1982, 159-178.

(18) Cfr. *supra* p. 21.

(19) Cfr. *supra* p. 21 n. 5.

Dionigi XIX 6-8 : le posizioni nel senato romano — la spedizione di L. Emilio Barbula — il gruppo filo-romano a Taranto

Subito dopo (ἄρτι) l'entrata in carica di L. Emilio Barbula, l'ambasceria fa ritorno a Roma e riferisce delle offese subite. In senato, ove per molti giorni sotto la presidenza di Barbula si discute se deliberare la guerra, si profilano due posizioni : agli uni un conflitto contro Taranto appare gravoso fino a quando i Lucani, i Bruzi e gran parte dei Sanniti permangano in rivolta e l'Etruria non sia del tutto conquistata ; agli altri invece sembra opportuno non frapporre alcun tempo alla guerra. Prevale il secondo orientamento, ma la votazione finale, con cui si decide l'intervento armato, non sana le divergenze tra i due gruppi (XIX 6) ([1]) : alla decisione assunta fa seguito immediato la campagna militare di Barbula ai danni di Taranto (XIX 7). Qui, mentre gli abitanti sono ormai intenzionati a chiamare Pirro, re dell'Epiro, in loro aiuto ed esiliano gli eventuali oppositori, un certo Metone, con una messinscena dinanzi al popolo riunito nel teatro, tenta di persuadere i propri concittadini a rinunciare all'intervento epirota : egli afferma che la città «libera e prospera» diventerà sotto Pirro «schiava» ; ma il suo tentativo non sortisce l'effetto voluto perché egli viene allontanato dal teatro dagli *αἴτιοι τῶν κακῶν* (XIX 8).

Dionigi pone gli avvenimenti narrati tra la primavera inoltrata e l'estate del 281 a.C. : in maggio (XIX 6 : entrata in carica dei consoli

(1) Dion. XIX 6, 3 afferma che il popolo ratificò la decisione del senato (*καὶ ὁ δῆμος ἐπεκύρωσε τὰ δόξαντα τῇ βουλῇ*) : Lange (*Röm. Alt.*, II, 680) ammette il varo di una vera e propria legge (*Lex de bello cum Tarentinis differendo*), secondo G. Rotondi, *Leges publicae populi Romani*, Milano, 1912 = Hildesheim, 1966, 242, l'ipotesi è inverisimile ; egli ritiene che si tratti del solito errore di Dionigi di considerare ogni deliberazione del senato come un *προβούλευμα*, a cui segue sempre la votazione popolare. Tuttavia si ricorderà che la *lex Hortensia* del 287 a.C. stabilì : *ut legum, quae comitiis centuriatis ferrentur, ante initum suffragium patres auctores fierent* (Liv. VIII 12, 14-15). Sull'argomento cfr. Gabba, *La costituzione* ..., 210.

Emilio Barbula e Marcio Filippo) (2), al ritorno degli ambasciatori, si apre in senato la discussione sulle prospettive di guerra, in estate (*ἀρούρας τε ἀκμαῖον ἤδη τὸ σιτικὸν θέρος ἐχούσας* ...) Barbula invade il territorio tarantino (3) e a tale avvenimento fa seguito la richiesta d'aiuto a Pirro (4). Nei capp. 6 e 8 si profila una tendenza analoga : in entrambi Dionigi mostra interesse per i rapporti politici instauratisi rispettivamente nelle due città e per il loro dibattito interno. La sua angolatura è ora, diversamente da XIX 4, 2-5, di natura strettamente politica ; politiche sono infatti le ragioni addotte per rinviare la guerra con Taranto (XIX 6), politico è il nuovo giudizio espresso sulla città italiota (XIX 8) : essa è divisa tra filo- e anti-Romani (5), il secondo gruppo ha la meglio ed esilia gli oppositori ; su quelli tuttavia, per quanto accusati di essere *αἴτιοι τῶν κακῶν* e pronti a ricorrere in caso di necessità ad azioni di forza, non ricade alcuna censura di depravazione morale (cfr. *contra* XIX 5). Dionigi accoglie qui in veste positiva il motivo della *τρυφή* ed *ἐλευθερία* (mentre Pirro renderà schiava la città) in sintonia con i temi della tradizione greca su Taranto, proponendone, rispetto a XIX 5, una visione piu pacata (6). L'ottica politica, il diverso giudizio sulla città italiota, non più moralmente riprovevole, ma prospera e libera, l'individuazione di un gruppo filo-romano al suo interno distinguerebbe la tendenza dei capp. 6 e 8 da quella rilevata in Dion. XIX 4,2 - 5.

(2) Sul tempo di entrata in carica cfr. PASSERINI, *Sulle trattative* ..., 100 e ivi n. 5 ; MANNI, *Pirro* ..., 116 n. 2.

(3) Sull'azione di Barbula, cfr. WUILLEUMIER, *Tarente* ..., 108-109 e LÉVÊQUE, *Pyrrhos* ..., 280-281.

(4) Cfr. DION. XIX 8 : *Τῶν Ταραντίνων βουλομένων ἐκ τῆς Ἠπείρου Πύρρον μετακαλεῖν ἐπὶ τὸν κατὰ Ῥωμαίων πόλεμον* ... L'affermazione risulta più comprensibile dopo, e non prima, della spedizione di Barbula in un clima di guerra aperta tra Roma e Taranto. Il MANNI, *Pirro* ..., 116-117, sulla base di Iust. XVIII 1, 1, antepone gli appelli rivolti dai Tarantini (*iterata Tarentinorum legatione*) a Pirro alla spedizione di Barbula ; il WUILLEUMIER, *Tarente* ..., 104-105 e il LÉVÊQUE, *Pyrrhos* ..., 248 ritengono invece le due richieste entrambe successive alla spedizione militare del 281 a.C.

(5) Così anche in PLUT., *Pyrrh.* XIII 2 e DIO IX 39, 10. In APP., *Samn.* VII 3 e ZON. VIII 2 i Tarantini vengono presentati come equamente divisi nelle loro opinioni. In PLUT., *Pyrrh.* XIII 2 e ZON. VIII 2 il contrasto più che politico appare economico e generazionale.

(6) Cfr. *supra* p. 21. In DIO IX 39, 10 il motivo della *τρυφή* è presentato, come già in DIO IX, 39, 9, in forma negativa : *νῦν μὲν καὶ μεθύειν* — *ἔφη* (Metone) — *καὶ κωμάζειν ἔξεστιν ἡμῖν· ἂν δ' ὅσα βουλεύεσθε ἐπιτελέσητε, δουλεύσομεν.*

Il racconto di ZON. VIII 2 rispetto ai frammenti giuntici di Dio IX 39 si profila tuttavia nei confronti di Taranto dai toni più moderati.

I due capitoli (6 e 8) sono raccordati dal settimo, che funge sostanzialmente da integrazione e pausa : in esso Dionigi, secondo il metodo dell'*explanatio* prima (XIX 7, 1) e della *praefatio* poi (XIX 7, 3) chiarisce attraverso proprie meditazioni e aggiunte filosofiche gli avvenimenti narrati (*A.R.* XIX 7, 1) o da narrare (*A.R.* XIX 7, 3) ; il metodo si allinea alla premessa metodologica di *A.R.* I 8, 3, ove l'autore intravede nei compiti della storia anche, e soprattutto, quello di fornire materiali alla meditazione filosofica e all'esercizio oratorio al fine di rispondere alle esigenze di ciascun lettore. Le due posizioni contrastanti presenti nel senato romano (XIX 6, 2-3) trovano così rispettiva giustificazione in due diverse concezioni dell'azione politica (XIX 7, 1) ; il successivo episodio di Metone (XIX 8) è invece chiarito dalla similitudine, posta a mo' di premessa, tra le democrazie e i mari (7), che sancisce le responsabilità dei demagoghi nella rovina dei governi democratici ; Dionigi, in tal modo, in via preliminare, individua politicamente le fazioni in contrasto a Taranto : i sostenitori della guerra, nonché causa di rovina per Taranto (*αἴτιοι τῶν κακῶν*, XIX 8) sono i demagoghi, mentre a favore di Roma si profila di conseguenza il gruppo aristocratico (8).

Un solo avvenimento è riportato in XIX 7, la spedizione di Emilio Barbula, ma, come si vedrà tra breve, l'accenno si inserisce perfettamente nel racconto del capitolo precedente. A XIX 6 Dionigi infatti rivela un particolare interesse per la figura di Emilio Barbula, di cui sottolinea il prestigio politico ; egli è l'unico a conservarci il *cognomen* di L. Emilio (9) e lo pone, insieme con il collega (10), (diversamente da App.,

(7) La similitudine, che ha origine nelle lirica greca (cfr. ALCEO, fr. 46 AB DIEHL), trova, in relazione a Taranto, autorevole anticipazione in PLAT., *Leges* IV 704E (*Leges* I 637b) e ARIST., *Polit.* VII 1327a, 11 sqq.

(8) Sugli schieramenti tarantini cfr. WUILLEUMIER, *Tarente* ..., 104-105 ; LÉVÊQUE, *Pyrrhos* ..., 248 ; MANNI, *Pirro* ..., 115-117 ; E. MANNI, *Roma e l'Italia nel Mediterraneo antico*, Torino, 1973, 228-229. Sull'episodio di Metone e la sua elaborazione da parte di un aristocratico tarantino cfr. HAMBURGER, *Untersuchungen* ..., 6.

(9) Cfr. APP., *Samn.* VII 3 ; ZON. VIII 2.

(10) Di Marcio Filippo è taciuto il nome, peraltro il suo ricordo si è perduto in tutte le altre fonti. Del suo trionfo sugli Etruschi del 281 a.C. ci testimoniano solo i fasti. Su di lui cfr. T. R. BROUGHTON, *The magistrates of the Roman Republic*, I, New York, 1960, 190 e H. H. SCULLARD, *Roman Politics*, Oxford, 1972[2], 33-34, 37, che lo connette politicamente con il gruppo dei Fabi. Il silenzio generale intorno alla sua persona indurrebbe a ritenere che egli abbia rivestito un ruolo di secondo piano negli avvenimenti del 282-280 a.C., tuttavia, visti gli incarichi assunti in quegli anni (console nel 281 a.C., pretore nel 280 a.C.) si può forse ipotizzare che si ponesse come intermediario tra gruppi distanti fra loro, i Fabi e gli Emili.

Samn. VII 7, che lo presenta in territorio sannita) a Roma, alla guida del lungo e difficile dibattito senatoriale ; infine alla sua persona rinvia l'unica indicazione cronologica esplicita del racconto. Come la riunione del senato intende rilevare il prestigio politico di L. Emilio Barbula, così il ricordo della spedizione al cap. VII ne evidenzia l'efficacia dell'azione militare ([11]) ; emergerebbe quindi una congruenza di atteggiamento tesa in entrambi i casi a sottolineare il ruolo svolto in senato e sul campo da tale personaggio. L'importanza e il prestigio politico-militare attribuiti a Barbula, che legami anche familiari connettono peraltro con il più noto Emilio Papo ([12]), potrebbero forse indicare un più generale favore verso la *gens* degli Emili. L'ipotesi sarebbe confermata dalla tendenza con cui a XIX 6 viene riportato il dibattito svoltosi alla guida di Barbula in senato ; Dionigi dichiara subito che i contrasti non riguardano la violazione dei patti da parte tarantina, circa la quale tutti concordano (XIX 6, 2), ma il momento più opportuno in cui inviare l'esercito, e mentre riferisce in modo molto circostanziato la posizione di coloro che sostengono un rinvio dello scontro, almeno fino a quando *ὑποχείρια γένηται ... τὰ πρὸς ἀνατολὰς καὶ πλησίον τοῦ Τάραντος κείμενα*, accenna solo di sfuggita all'orientamento opposto. La storico ci presenta il primo punto di vista da un lato come cauto e sostenuto nei fatti dai conflitti in corso, dall'altro teso ad un'espansione ad est e nord di Taranto. Tale posizione è, almeno in parte, quella assunta negli anni 282-280 a.C. e successivi dal gruppo «democratico» ([13]). Dionigi conoscerebbe quindi il punto di vista di

(11) Sia in APP., *Samn.* VII 3 che in ZON. VIII 2 le devastazioni di Barbula sono invece precedute da un nuovo contatto diplomatico, in cui i Romani ripropongono ai Tarantini le proprie offerte di pace. Accettano tale versione WUILLEUMIER, *Tarente* ..., 104-105 ; LÉVÊQUE, *Pyrrhos* ..., 280 ; GAROUPHALIAS, *Pyrrhus* ..., 302 n. 20. Accoglie invece la versione dionisiana CIACERI, *Storia* ..., III 39.

(12) Cfr. P. WILLEMS, *Le Sénat de la République Romaine*, I, Louvain, 1885², 100 ; sulla famiglia degli Emili cfr., anche SCULLARD, *Roman* ..., 35-36.

(13) Così P. FRACCARO, *L'organizzazione politica dell'Italia romana* in *Atti del congresso internazionale di diritto romano*, I, Roma, 1933, 195 sg. = *Opuscula*, I, Pavia, 1956, 103-114 ; PASSERINI, *Sulle trattative* ..., 105-112 ; G. FORNI, *Manio Curio Dentato. Uomo democratico, Athenaeum*, XXXI, 1953, 170-240 ; LÉVÊQUE, *Pyrrhos* ..., 307-309 ; CASSOLA, *I gruppi* ..., 161-171 ; di contro cfr. Th. MOMMSEN, *Die Patrizischen Claudier, Röm. Forschungen*, I, Berlin, 1864 = Hildesheim, 1962, 285-306 seguito da K. W. NITZSCH, *Die römische Annalistik*, Berlin, 1873 = Hildesheim-New York, 1974, 340-346 ; T. FRANK, *Roman Imperialism*, New York, 1914 = New York, 1972, 64-66 ; HAMBURGER, *Untersuchungen* ..., 58. Si precisa che qui e di seguito si usa il termine moderno «democratico» solo per comoda analogia con la situazione politica interna della Roma del III sec. a.C.

tale gruppo : egli anzi, come si è detto, si sente subito in dovere di precisare che *τοῦτο* — la violazione dei patti da parte tarantina — *ἅπαντες ὡμολόγουν* (XIX 6), quasi a voler rispondere ad eventali obiettori ed avversari. Sia in Appiano che in Zonara (-Dione) la guerra appare invece votata subito, senza né indugi né timori, solo l'azione militare è rallentata a dimostrazione della magnanimità di Roma ([14]).

Al gruppo che Dionigi sembra qui voler difendere appartenevano appunto sia gli Emili nella persona di Papo sia C. Fabrizio e Manio Curio, personaggi che rivestirono un ruolo importante nella guerra contro Pirro ([15]).

I tre capitoli mostrano perciò chiare congruenze e corrispondenze : un analogo atteggiamento «politico» (diversamente da quanto offerto a XIX 4,2 - 5) e una palese rilevanza concessa al ruolo di Barbula. Esse caratterizzano in modo evidente il racconto dionisiano, anche rispetto alle altre fonti, e indurrebbero quindi a rintracciarvi (con ovvia esclusione degli interventi diretti di Dionigi stesso a XIX 7, 1 e 3) una medesima tendenza riconducibile ad un autore legato agli Emili e sostenitore in particolare di alcuni membri del gruppo «democratico». Il modo dettagliato con cui sono riportati il dibattito senatoriale e la votazione conclusiva parrebbero peraltro indicarlo quale attento alle procedure legali e giuridiche.

(14) In App., *Samn.* VII 3 la decisione è popolare, in Zon. VIII 2 si parla genericamente di Romani.

Su Emilio Barbula, come si è già notato, le fonti divergono : per Dion. XIX 6 egli è a Roma, alla guida del senato, per App., *Samn.* VII 3 si trova presso i Sanniti ; per Dion. XIX 7 alla decisione senatoriale segue il pronto intervento del console, per App., *Samn.* VII 3 e Zon. VIII 2, prima dell'attacco, furono nuovamente avanzate ai Tarantini proposte conciliatrici. Dionigi sembra inoltre porsi a metà fra Appiano e Zonara (-Dione) : in Appiano convergono infatti anche elementi anti-romani (App., *Samn.* VII 1-3), mentre Zonara presenta la versione più chiaramente filo-romana.

(15) Cfr. Passerini, *Sulle trattative* ..., 107-112 ; Cassola, *I gruppi* ..., 62 sgg. e su Manio Curio Forni, *Manio Curio* ..., *op. cit.*

Barbula dopo il 280 a.C. scompare dalla scena politica ; console nel 281 a.C., celebra nel 280 a.C. come proconsole un trionfo su Tarantini, Sanniti e Salentini (cfr. *Act. Triumph.* 72 sq. Degrassi 545 sq.) ; secondo Hamburger, *Untersuchungen* ..., 90 egli fu inviato in qualità di proconsole con un terzo esercito nel Sannio, secondo Wuilleumier, *Tarente* ..., 115 rimase a difesa di Roma.

Dionigi XIX 9-12 : la corrispondenza Pirro-Valerio Levino — l'episodio della spia — Oblaco

Pirro, ormai in Italia, con una missiva al console P. Valerio Levino si propone quale arbitro delle contese tra Romani da un lato e Tarantini, Lucani e Sanniti dall'altro ; in cambio dell'assenso romano promette pace, amicizia e aiuti militari : egli attenderà per dieci giorni la decisione avversaria (XIX 9). Nella sua lettera di risposta, il console Levino rifiuta l'offerta epirota e intima a Pirro, qualora intenda evitare la guerra, di non sostenere i nemici di Roma, invitandolo ad esporre le proprie ragioni e proposte dinanzi al senato romano, nella certezza che nulla di giusto e ragionevole gli sarà negato (XIX 10) ([1]). L'attenzione converge quindi sul campo romano : Levino, catturata una spia, la rinvia al re, perché lo esorti a costatare di persona la forza dell'esercito romano (XIX 11) ([2]). Il successivo episodio appartiene già al primo scontro romano-epirota (Eraclea, 280 a.C.), durante il quale il comandante dei Ferentani, Oblaco Volsinio, tenta con abilità di avvicinare Pirro per ucciderlo ; egli manca di poco il bersaglio, in quanto il re viene salvato dal macedone Leonnato, membro del suo seguito, che, intuito l'attacco, lo fa fuggire sul proprio cavallo. Pirro decide di conseguenza di combattere con l'armatura di uno dei suoi soldati per non essere individuato dal nemico (XIX 12).

Gli episodi narrati preludono e si coagulano intorno alla battaglia di Eraclea, che segnò la prima sconfitta sul campo dei Romani, così come lo stesso Dionigi afferma a XIX 14, 4 ([3]). Egli modifica qui,

(1) Notizia della corrispondenza si ritrova anche in Zon. VIII 3, mentre in Plut., *Pyrrh.* XVI si parla dell'invio di un messaggero (è la versione accettata da D. Kienast, *RE*, XXIV, 1 1963, *Pyrrhos*, n. 13, coll. 108-165, 163) ; sull'argomento cfr. *infra* pp. 30-34.

(2) Episodio analogo è narrato in riferimento a Serse da Her. VII 146. Sull'aneddoto cfr. Nenci, *Pirro ...*, 50-58 e Lévêque, *Pyrrhos ...*, 323.

(3) Sulla battaglia di Eraclea cfr. H. Delbrück, *Geschichte der Kriegskunst*, I, Berlin, 1920[3] = Berlin, 1964, 307-309 ; E. Gaida, *Die Schlachtschilderungen in den*

rispetto a XIX 6-8, il suo punto di osservazione : all'interesse per il dibattito e i contrasti politici interni si sostituisce quello per l'arrivo di Pirro in Italia e la vigilia del suo scontro armato con Roma, l'attenzione cioé verso gli avvenimenti consumati sui rispettivi fronti di guerra ; al nemico tarantino subentra, nella direzione del conflitto, la figura di Pirro, posta ora in primo piano. Il precedente accenno al re epirota, a XIX 8, è invece subordinato alla descrizione dei contrasti politici interni alla stessa città italiota ; non sono peraltro esplicitati, nel testo dionisiano, i motivi che hanno fatto ricadere la scelta tarantina proprio su Pirro. Lo storico augusteo sembra procedere per settori separati, l'uno, almeno in apparenza, indipendente dall'altro : Pirro diviene protagonista solo al momento del suo arrivo in Italia, quando si pone a guida del conflitto con Roma e solo in quanto tale suscita interesse nello storico. In tal senso si può forse ipotizzare che in Dionigi non trovassero luogo i tentativi di Cinea, consigliere di Pirro, di dissuaderlo dall'impresa occidentale, ma che il re epirota si imponesse nel racconto solo nel momento in cui egli entrava in contatto con la penisola italica. L'emergere in campo nemico di una personalità ben definita fa sì che il racconto si dipani d'ora in poi per episodi ed aneddoti ove risaltano singole figure opposte o affiancate all'avversario di Roma : il conflitto del 280-276 a.C. fu più che mai per Dionigi conflitto pirrico e conflitto tra personalità [4].

La corrispondenza riportata da Dionigi a XIX 9-10 ha animato per lungo tempo l'interesse degli studiosi ; essa pone due problemi strettamente connessi : la sua autenticità e la sua attribuzione. Ne rifiutano categoricamente l'autenticità Schubert [5], Niese [6], Hamburger [7],

Ant. Rom. des D.v.H., Breslau, 1934 ; De Sanctis, *Storia* ..., II, 372-375. Per gli aspetti tattico-organizzativi dell'esercito cfr. M. Launey, *Recherches sur les armées hellénistiques*, I, Paris, 1949, 11 e 307 ; G. T. Griffith, *The mercenaries of the Hellenistic world*, Cambridge, 1935, 61-62 ; Lévêque, *Pyrrhos* ..., 317. Sul racconto di Dionigi circa la battaglia di Eraclea ricaviamo informazioni anche da Plut., *Pyrrh.* XVII 4, che attinge in questa sede, per sua stessa ammissione, da Ieronimo e Dionigi. Secondo De Sanctis le cifre dionisiane delle vittime della battaglia (cfr. Plut., *Pyrrh.* XVII : 15000 Romani e 13000 Epiroti) deriverebbero da Valerio Anziate, probabile fonte di Livio.

(4) Sull'esaltazione di Pirro nella storiografia romana cfr. Nenci, *Pirro* ..., 21-37.

(5) Cfr. Schubert, *Geschichte* ..., 175.

(6) Niese, *Geschichte* ..., II, 33 n. 1.

(7) Hamburger, *Untersuchungen* ..., 18.

Lévêque ([8]) e Bengtson ([9]) ; essa è invece accettata da Pais ([10]), Hoffmann ([11]), Bickerman ([12]), Nenci ([13]) e Will ([14]).

Chi nega alle missive ogni autenticità o dubita del loro contenuto tende di conseguenza ad attribuirne la redazione allo stesso Dionigi ([15]). Nel '47 è stata pero avanzata dal Bickerman un'ipotesi degna di interesse ([16]). Essa ha come punto di partenza la titolatura delle due missive, che converrà qui riportare : Dion. XIX 9, 1 (lettera di Pirro a Valerio Levino) : *Βασιλεὺς Ἠπειρωτῶν Πύρρος, βασιλέως Αἰακίδου, Ποπλίῳ Οὐαλερίῳ τῷ Ῥωμαίων ὑπάτῳ χαίρειν* ; Dion. XIX 10, 1 (lettera di Valerio Levino a Pirro) : *Πόπλιος Οὐαλέριος Λαβίνιος, στρατηγὸς ὕπατος Ῥωμαίων, βασιλεῖ Πύρρῳ χαίρειν*. Lo studioso documenta come il termine *στρατηγὸς ὕπατος* (XIX 10, 1) non sopravviva oltre il 110 a.C., non compaia in altro luogo delle *Antiquitates* e il suo significato non sia più chiaro in epoca augustea, come testimonia lo stesso Livio a XXXIII 32, 5 ; sulla base di tali elementi egli sostiene che l'autore delle missive si collocherebbe tra il 170 e il 120 a.C., quando inizia a diffondersi la forma accorciata *ὕπατος* (XIX 9, 1). Il Bickerman ritiene

(8) LÉVÊQUE, *Pyrrhos* ..., 157 e 319-321.

(9) H. BENGTSON, *Grundriss der Römischen Geschichte*, in *Handbuch der Altertumswissenschaft*, München, 1967, 68.

(10) Cfr. E. PAIS-J. BAYET, *Histoire romaine*, I, Paris, 1926, 173.

(11) W. HOFFMANN, *Rom und die griechische Welt in 4. Jahrhundert, Philol. Suppl.* 27, 1, 1937, 48-50.

(12) BICKERMAN, *Apocryphal correspondence* ..., *op. cit.*

(13) NENCI, *Pirro* ..., 49 e 166 ; ID., *Il trattato* ..., 284.

(14) E. WILL, *Histoire politique du Monde Hellénistique 323-30 avant J.C.*, I, Nancy, 1966, 109. Il WUILLEUMIER, *Tarente* ..., 113-114 invece accetta l'esistenza delle lettere, ma dubita del loro contenuto ; diversamente sostiene JUDEICH, *König* ..., 4, secondo cui, se pure le lettere siano state inventate, non si dovrà dubitare delle informazioni che ci conservano ; così anche GAROUPHALIAS, *Pyrrhus* ..., 336 n. 84, secondo il quale Pirro intraprese trattative conciliatrici prima della battaglia di Eraclea con lo scopo di rinviare lo scontro in attesa dell'arrivo dei suoi alleati. Per l'intestazione delle lettere cfr. inoltre M. HOLLEAUX, *Strategos hypatos,* Paris, 1918, 55 ; C. B. WELLES, *Royal correspondence in the Hellenistic period,* New Haven, 1934, 37 sg. ; BICKERMAN, *Apocryphal correspondence* ..., 138 ; LÉVÊQUE, *Pyrrhos* ..., 205 n. 3 e 216 n. 4 ; CASSOLA, *I gruppi* ..., 169. Sull'arbitrato nel mondo greco e romano infine si vd. H. SCHAEFER, *Staatform und Politik*, Leipzig, 1932, 186 sgg. ; BICKERMAN, *Apocryphal correspondence* ..., 141 sg. ; L. PICCIRILLI (a cura di), *Gli arbitrati interstatali greci*, Pisa, 1973 ; E. S. GRUEN, *The Hellenistic world and the coming of Rome*, I, Berkeley-Los Angeles, 1984, 80-110.

(15) Cfr. NIESE, *Geschichte* ..., II, 33 n. 1 ; HAMBURGER, *Untersuchungen* ..., 18 ; WUILLEUMIER, *Tarente* ..., 113 sg. ; A. B. NEDERLOF, *Plutarchus' Leven van Pyrrhos. Historische Commentaar*, Paris, 1940, 86 ; LÉVÊQUE, *Pyrrhos* ..., 57 e 320.

(16) Cfr. BICKERMAN, *Apocryphal correspondence* ..., *op. cit.* Accetta l'ipotesi del Bickerman, tra gli altri, anche NENCI, *Pirro* ..., 49.

inoltre che si tratti di un autore romano, in quanto il patronimico (Dion. XIX 9, 1 : *βασιλέως Αἰακίδου*) non è usato nelle titolature greche, e che tale autore scrisse in greco, poiché la specificazione *Ῥωμαίων* (Dion. XIX 10, 1) è inusitata nei testi latini. Propone quindi il nome di Acilio sulla base del confronto con Quadrigario, fr. 40 Peter, ove è riportata una lettera dei consoli a Pirro dalla intestazione analoga a Dion. XIX 10, 1 : anche in questo caso la specificazione *Romani* nella titolatura indurrebbe a pensare, quale fonte di Quadrigario, ad un annalista che scrive in greco, il quale può con fondamento essere identificato in Acilio, i cui *Annales* Quadrigario tradusse o rielaborò ([17]).

Varrà notare innanzitutto che quanti non accolgono l'ipotesi del Bickerman non sembrano tuttavia in grado di rispondere alle sue argomentazioni. Io credo invece che esse siano fondate e difficilmente eludibili, in specie le presenza qui, isolata all'interno delle *Antiquitates* del nesso *στρατηγὸς ὕπατος*, il cui significato è ormai ignaro allo stesso Livio, non può essere ritenuta casuale e sembra rinviare ad una fonte precisa. Non si affermerà certo che Dionigi non sia intervenuto su di essa, ma che in ogni caso egli la seguisse con una certa attenzione.

Ora, a conferma proprio dell'ipotesi aciliana varrà insistere sul confronto con la lettera, riportata da Quadrigario sulla base, come si è detto, di Acilio, inviata dai consoli, C. Fabrizio Luscino e Q. Emilio Papo, dopo Ascoli (278 a.C.) per avvertire Pirro del traditore pronto ad ucciderlo. Sull'episodio in cui si inserisce l'avvertimento epistolare ci rimangono sia la versione di Valerio Anziate (fr. 21 Peter) sia di Quadrigario (fr. 40 Peter), emtrambe preservateci da Gell., *N.A.* III 8. La seconda si mostra molto più favorevole, rispetto alla prima, nei confronti di Fabrizio ed Emilio Papo, a cui attribuisce ogni merito del gesto ; Valerio Anziate invece, svalutando l'importanza dei due personaggi, assegna il ruolo principale nella vicenda al senato ([18]).

(17) Su Acilio cfr. E. Klebs, *RE*, I 1894, *Acilius* n. 4, col. 251 ; H. Peter, *H.R.R.*, I, Lipsiae, 1914², CXXI-CXXIII. Su Quadrigario e il suo rapporto con Acilio cfr. Peter, *H. R. R.*, I, CXXII e M. Zimmerer, *Der Annalist Q. Claudius Quadrigarius*, München, 1937.

(18) Gell., *N.A.* III 8, 2-7 : *Eam rem Fabricius ad senatum scripsit. Senatus ad regem legatos misit mandauitque ut de Timochare nihil proderent, sed monerent uti rex circumspectius ageret atque a proximorum insidiis salutem tutaretur. Hoc ita, uti diximus, in Valeri Antiatis Historia scriptum est. Quadrigarius autem in libro tertio ... neque legatos a senatu missos, sed a consulibus, et Pyrrum populo Romano laudes atque gratias scripsisse captiuosque omnes quos tum habuit uestiuisse et reddidisse. Consules tum fuerunt C. Fabricius et Q. Aemilius. Litteras, quas ad regem Pyrrum super ea causa miserunt, Claudius Quadrigarius scripsit fuisse hoc exemplo ...*

Poiché Valerio Anziate scrive probabilmente dopo Quadrigario ([19]), egli vuole ridimensionare una versione troppo favorevole a Fabrizio ed Emilio, avversari politici, durante la guerra contro Taranto, di Valerio Levino in un'ottica tutta tesa all'esaltazione della propria *gens*. Di contro possiamo forse pensare che, se Quadrigario sottolineava la meritoria opera politica di Fabrizio ed Emilio, egli si mostrasse, viceversa, se non ostile, meno favorevole verso Valerio Levino. Si dovrà peraltro credere che tale posizione si presentasse in Acilio, sua fonte. In tal caso l'ipotesi del Bickerman può essere pienamente confermata, io credo, solo se i capp. 9-10 rivelino una tendenza, se non apertamente ostile, moderatamente critica nei confronti di Valerio Levino.

In effetti la corrispondenza Pirro — Levino non viene utilizzata tanto per esaltare il console romano, quanto *τὸ φρόνημα τῆς Ῥωμαίων πόλεως* (Dion. XIX 10, 1) e Valerio Levino, nonostante risponda seccamente a Pirro, confessa la sua incompetenza a decidere e invita il re epirota a recarsi presso il senato, ove potrà esporre le sue richieste, *ὡς οὐδενὸς ἀτυχήσων οὔτε τῶν δικαίων οὔτε τῶν εὐγνωμόνων* (Dion. XIX 10, 5) ([20]).

A ulteriore indizio si ricorderà inoltre che Acilio amava dipingere i nemici di Roma quali arroganti e vanagloriosi, come mostra la famosa risposta di Annibale a Scipione che gli chiedeva chi fossero stati i più valorosi comandanti ([21]) e tale appare anche qui Pirro.

Appare interessante notare, ora, che analogo punto di osservazione e giudizio sulla figura di Pirro compare anche in *A.R.* XIX 11 e 12,

(19) Cfr. Peter, *H.R.R.*, I, CCCV.

(20) Valerio Anziate (fr. 21 Peter) in modo analogo per svalutare Fabrizio sottolinea l'importanza e l'opera del senato.

(21) Cfr. Peter, *H.R.R.*, I, 51 : (Liv. XXXV 14, 5) *Claudius, secutus Graecos Acilianos libros, P. Africanum in ea fuisse legatione tradit, eumque Ephesi conlocutum cum Hannibale, et sermonem unum etiam refert : quaerenti Africano quem fuisse maximum imperatorem Hannibal crederet, respondisse Alexandrum Macedonum regem, quod parua manu innumerabiles exercitus fudisset quod<que> ultimas oras, quas uisere supra spem humanam esset, peragrasset. Quaerenti deinde quem secundum poneret, Pyrrhum dixisse : castra metari primum docuisse, ad hoc neminem elegantius loca cepisse, praesidia disposuisse ; artem etiam conciliandi sibi homines eam habuisse ut Italicae gentes regis externi quam populi Romani, tam diu principis in ea terra, imperium esse mallent. Exsequenti quem tertium duceret, haud dubie semet ipsum dixisse. Tum risum obortum Scipioni et subiecisse «Quidnam tu diceres, si me uicisses ?» «Tum uero me — inquit — et ante Alexandrum et ante Pyrrhum et ante alios omnes imperatores esse»*. Varrà ricordare che persistente appare nella tradizione romana il collegamento tra le figure di Pirro e Annibale : cfr. Enn., *Ann.* VIII fr. 51 Vahlen ; *Ann.* VIII fr. 274 Vahlen[2] ; Cic., *De off.* I 12 ; Liv. XXIII 7, 4-6 ; XXXIX 51, 11 ; Flor. I 40, 2 ; II 6, 11 ; II 9, 22. Sull'argomento si vd. Nenci, *Pirro* ..., 35.

3, in cui il re epirota risulta ignaro del valore e della forza romana e descritto, in specie nel secondo passo, quale personaggio sprezzante e vanaglorioso. L'episodio di Oblaco da un lato infatti ridimensiona la vittoria di Pirro, dall'altro sottolinea come l'unico atto eroico nella battaglia di Eraclea non sia stata opera del console Valerio Levino, ma dello sconosciuto comandante dei Ferentani.

Se le considerazioni proposte finora contengono qualche elemento probante, si può con un certo fondamento formulare l'ipotesi che Acilio sia la fonte dei capp. 9-12 del l. XIX di Dionigi.

Quanto poi all'episodio di Oblaco gli studiosi hanno a lungo dibattuto ora per rintracciarne l'origine nella storiografia greca ora nell'annalistica romana (22).

La tradizione sulla guerra romano-epirota si è certo consolidata e arricchita nel tempo, accogliendo motivi diversi e spesso di non chiara attribuzione ; perciò è difficile determinare l'origine di taluni episodi e le stratificazioni subite fino al testo dionisiano ; tuttavia io credo che non si possa escludere che Dionigi (-Acilio) lo abbia attinto da una fonte greca, o almeno abbia ricavato da essa alcuni motivi ; appare significativo che alla superficialità di Pirro venga contrapposta proprio l'accortezza del macedone Leonnato : Dionigi (-Acilio) non solo conoscerebbe il nome di una delle personalità inviate dal re di Macedonia al seguito di Pirro, ma la porrebbe anche in confronto diretto con l'Epirota (23). La circostanza potrebbe rivelare una certa dipendenza dalla concezione di Ieronimo di Cardia, che narrava la spedizione pirrica secondo l'ottica dei Macedoni Antigonidi (24). Dionigi (-Acilio) peraltro accoglierebbe in funzione pro-romana altri motivi della storiografia greca. L'inizio della missiva di Pirro al console Levino sembrerebbe ricalcare ad es. in senso negativo (e quindi rovesciato

(22) Per la prima posizione cfr. von Scala, *Der Pyrrhische* ..., 70 ; Schubert, *Geschichte* ..., 181 sg. ; Nederlof, *Plutarchus' Leven* ..., 93 n. 13 ; De Sanctis, *Storia* ..., II, 373 n. 26. Per la seconda cfr. Beloch, *Griechische Geschichte*, IV 2, 475 n. 1 ; Hamburger, *Untersuchungen* ..., 23 sg. ; Lévêque, *Pyrrhos* ..., 326, che accoglie l'ipotesi di Hamburger circa la dipendenza in questa sede di Plutarco e Dione da Dionigi.

(23) Su Leonnato cfr. F. Geyer, RE, XII, 2 1925, *Leonnatos*, col. 2038 ; F. Sandberger, *Prosopographie zur Geschichte des Pyrrhos*, Stuttgart, 1970, 137.

(24) Sulla personalità e l'opera di Ieronimo cfr. Lévêque, *Pyrrhos* ..., 22-26 ; S. Mazzarino, *Il pensiero storico classico*, II, 1, Bari, 1966, 56 sg., 333 sgg., 358-359 e da ultimo J. Hornblower, *Hieronymus of Cardia*, Oxford, 1981. Sull'episodio di Oblaco cfr. anche *infra* pp. 92-93.

rispetto all'originale) il racconto dell'adolescenza e delle imprese del re epirota fino alla richiesta di aiuto da parte di Taranto presente nell'opera dello storico filo-epirota Prosseno, da cui l'avrebbe attinto Iust. XVII 3, 22 ([25]). Si legge infatti nel Prol. XVII : ... *Inde repetitae origines regum Epirotium usque ad Pyrrum, ipsiusque Pyrri res gestae priusquam in Italiam traiecit* e in Iust. XVII 3, 22 : *adulescens deinde multa bella gessit tantusque rerum successus haberi coeptus est, ut Tarentinos solus aduersus Romanos tueri posse uidetur.* Alle ascendenze del re e alle precedenti imprese rinvia in modo simile, tanto da suggerire una comune origine, anche Dion. XIX 9, 1-2 : *καὶ μηδὲ ταῦτα ἀγνοεῖν, τίνων τε ἀνδρῶν ἀπόγονός εἰμι καὶ τίνας αὐτὸς ἀποδέδειγμαι πράξεις καὶ πόσην δύναμιν ἐπάγομαι καὶ ὡς τὰ πολέμια ἀγαθήν.*

Ma se in Giustino tale racconto esalta la figura di Pirro, in Dionigi (-Acilio) ne mostra soprattutto l'arroganza ; il re infatti, solo al ricordo di tali precedenti, pensa di incutere timore nei Romani : (Dion. XIX 9, 2) *οἰόμενος δή σε τούτων ἕκαστον ἐπιλογιζόμενον μὴ περιμένειν, ἕως ἔργῳ καὶ πείρᾳ μάθῃς τὴν κατὰ τοὺς ἀγῶνας ἡμῶν ἀρετήν, ἀλλ' ἀποστάντα τῶν ὅπλων χωρεῖν ἐπὶ τοὺς λόγους.*

Alla luce di ciò l'opera di C. Acilio su Pirro apparirebbe scritta rifondendo in funzione pro-romana i motivi della storiografia greca ora favorevole al re epirota (Prosseno) ([26]) ora avversa (Ieronimo) ([27]), in questo senso egli sembrerebbe accogliere qui con maggiore favore l'interpretazione meno positiva del re offerta da Ieronimo rispetto a quella di Prosseno.

(25) Ritiene Prosseno fonte di Pompeo Trogo-Giustino V. La Bua, *Pirro in Pompeo Trogo-Giustino*, in *Scritti storico-epigrafici in memoria di Marcello Zambelli* (a cura di L. Gasperini), Roma, 1978, 181-205. Che Trogo attinga generalmente a fonti greche sostengono anche De Sanctis, *Storia* ..., 361 n. 1 e Lévêque, *Pyrrhos* ..., 58-61 (che pensa per Iust. XVII 3, 17 sq., come il La Bua, a una dipendenza da Prosseno) ; Lévêque (*Pyrrhos* ..., 60) ravvisa invece la presenza di una fonte romana nel racconto trogiano delle trattative tra Pirro e i Romani, su cui cfr. *infra* pp. 36-39.

(26) Su Prosseno cfr. Mazzarino, *Il pensiero* ..., II, 1, 358 ; Lévêque, *Pyrrhos* ..., 28-30 ; La Bua, *Prosseno* ..., *op. cit.*

(27) Già Schubert, *Geschichte* ..., *op. cit.* individuava i due poli di ispirazione della letteratura antica su Pirro in Ieronimo e nell'*entourage* di Pirro stesso (*Memorie* di Pirro e opera di Prosseno). Sull'argomento cfr. Mazzarino, *Il pensiero* ..., II, 1, 358-361.

Per ulteriori indicazioni sulla presenza in Dionigi-Acilio di Prosseno e Ieronimo cfr. *infra*, pp. 92-95.

Dionigi XIX 13-18 : l'ambasceria romana a Pirro del 280 a.C.

Mentre Pirro, dopo Eraclea, si dirige verso Roma, dalla città viene inviata un'ambasceria per trattare lo scambio dei prigionieri ; ne fanno parte C. Fabrizio, che aveva sconfitto i Sanniti, i Lucani e i Bruzi e liberato Turi dall'assedio, Q. Emilio, che aveva combattuto nella regione tirrenica, e P. Cornelio che tre anni prima aveva sterminato i Celti Senoni. Ai legati Pirro rifiuta lo scambio e chiede la fine delle ostilità (XIX 13) ; tenta poi, trattolo in disparte, di corrompere Fabrizio, perché intervenga presso il senato romano e lo spinga a stipulare la tregua. Accusa i Romani di non ricompensarlo adeguatamente in rapporto ai suoi meriti e gli offre di rimanere presso di lui come consigliere (XIX 14). Ma Fabrizio difende la sua povertà e insieme la sua patria : quanto gli è corrisposto è sufficiente, infatti Roma provvede interamente ai bisogni di chi amministra cariche pubbliche garantendo splendide provvigioni (1) ; pertanto i cittadini degni di tali onori per la loro rettitudine sono tutti in condizione di parità (XIX 15). Fabrizio ricorda di aver sempre respinto ogni opportunità di arricchire onestamente, a maggior ragione rifiuta quindi le offerte di Pirro che lo priverebbero della libertà ed attirerebbero su di lui le giuste accuse dei censori (XIX 16), a cui spetta il compito di esaminare la vita di tutti i Romani e di punire coloro che contravvengono alle patrie usanze. Essi lo accuserebbero di diffondere la corruzione tra i giovani e decreterebbero il suo allontanamento dalla patria o almeno dalla vita pubblica (XIX 17). Fabrizio conclude quindi il suo discorso ammonendo Pirro che chi è nato libero non può accettare in nessun caso la schiavitù, seppure mascherata dal fasto di sontuosi banchetti. Pirro ammirato lo congeda restituendo i prigionieri senza riscatto (XIX 18).

I negoziati che intercorsero durante la guerra pirrica tra il re epirota e i Romani pongono non poche incertezze sia riguardo alla loro

(1) Dionigi attribuisce al III sec. a.C. un costume introdotto solo in età imperiale : cfr. Willems, *Le Sénat* ..., I, 194 n. 3.

autenticità sia per la loro esatta collocazione cronologica. L'ambasceria di Fabrizio viene posta dalle fonti antiche nel 280 a.C., solo in Giustino essa trova luogo tra gli avvenimenti del 279 a.C. (2). Il Niese (3), conferendo maggiore valore alla testimonianza di Giustino, ne segue la cronologia. Sulla sua scorta anche Ciaceri, Jacquemod e Passerini (4) collocano l'ambasceria di Fabrizio nel 279 a.C. e ritengono quello l'unico tentativo formale di negoziati. Diversamente Wuilleumier, Lévêque e Nederlof (5) attribuiscono maggiore credibilità alle altre fonti e collocano l'ambasceria di Fabrizio nel 280 a.C., a cui fanno seguire nel 279 a.C. un altro tentativo di negoziato promosso da Pirro.

In realtà l'unanimità delle fonti su cui questi ultimi si basano è, a mio parere, tutt'altro che certa : Dionigi e Plutarco aumentano le perplessità su tale punto. A XIX 13, 1 Dionigi infatti colloca l'episodio dopo la battaglia di Eraclea (280 a.C.) : a tale periodo riportano sia la notazione *Πύρρου τοῦ Ἠπειρωτῶν βασιλέως ἐπὶ τὴν Ῥώμην στρατιὰν ἐξαγαγόντος* ... che corrisponde a quanto afferma App., *Samn.* X 3 (*Πύρρος* ... *ἐπὶ τὴν Ῥώμην ἠπείγετο* ...) dopo Eraclea, sia le date fornite da Dionigi per i consolati dei tre ambasciatori, C. Fabrizio, Q. Emilio, P. Cornelio (6). A XIX 14, 4 (discorso di Pirro a Fabrizio) egli ripropone la stessa datazione : ... *τὴν πρώτην νενικηκότι μάχην* ... (Eraclea, 280 a.C.), ma subito dopo a XIX 14, 4 Pirro afferma : *καὶ πάνυ πολλὰ καὶ ἀναγκαῖα πράγματα κατὰ τοῦτον γενόμενα τὸν καιρὸν ἐπὶ τὴν ἰδίαν με ἀρχὴν μετακαλεῖ.* L'accenno agli affari urgenti che lo richiedono in patria è comprensibile solo dopo Ascoli, quando Plut., *Pyrrh.* XXII 1 colloca l'arrivo in Italia della notizia della morte di Tolemeo Cerauno e App., *Samn.* XI 1 parla di *τὰ ἐν Μολοσσοῖς θορυβούμενα* (7). E ancora

(2) Cfr. Liv., *Per.* XIII ; Dion. XIX 13-18 ; Plut., *Pyrrh.* XVII 9 sqq. ; App., *Samn.* X ; Dio IX 29 sqq. ; Eutr. II 12-14 ; Zon. VIII 4, 1 sqq. Di contro cfr. la testimonianza di Iust. XVIII 1,7 - 2,12.

(3) Niese, *Zur Geschichte* ..., 481-507 e *Geschichte* ..., II, 39 sg. Cfr. anche Beloch, *Griechische Geschichte,* IV, 1 551 sg. e De Sanctis, *Storia* ..., II, 403-405.

(4) Ciaceri, *Storia* ..., III, 56 ; M. Jacquemod, *Sulle direttive di Pirro in Italia, Aevum,* 1932, 445-472, 462-467 ; Passerini, *Sulle trattative* ..., 92-112.

(5) Wuilleumier, *Tarente* ..., 125 sg. ; Nederlof, *Plutarchus' Leven* ..., 125-130 ; Lévêque, *Pyrrhos* ..., 359-370 ; Nederlof, *Pyrrhus* ..., 151-158 e 174-180. Per un più ampio e dettagliato ragguaglio bibliografico rinvio sempre alle pagine del Lévêque (cfr. *supra*).

(6) Su Emilio Papo e P. Cornelio cfr. Broughton, *The magistrates* ..., 192 e Sandberger, *Prosopographie* ..., 14 (Emilio Papo) e 64 (Cornelio Dolabella).

(7) Sulla morte di Tolemeo Cerauno accaduta nel febbraio del 279 a.C., che poteva indurre Pirro a un rientro più repentino in patria nella speranza di poter conquistare

a XIX 16, 3 (discorso di Fabrizio a Pirro) Dionigi colloca l'ambasceria tre anni dopo il primo consolato di Fabrizio (282 a.C.), cioé nel 279 a.C. ([8]).

L'incertezza si riscontra a mio parere nello stesso Plutarco che congiunge il ricordo dell'ambasceria (posta sotto il 280 a.C.) con il consolato del 278 a.C. di Fabrizio ed Emilio Papo : l'errore sbrigativamente risolto come distrazione e frettolosità dello stesso Plutarco potrebbe rivelare invece la discrepanza delle fonti dello storico, una delle quali almeno doveva porre l'ambasceria nel 279 a.C. appena prima del consolato di Fabrizio ed Emilio ([9]).

Se la fonte di Plutarco e Trogo-Giustino potrebbe coincidere ed essere rintracciata in Ieronimo ([10]), diversa è, come si vedrà, quella di

il regno macedone cfr. VON SCALA, *Der Pyrrhische* ..., 152 ; SCHUBERT, *Geschichte* ..., 198 sg. ; BELOCH, *Griechische Geschichte*, IV, 1 550 e IV, 2 110 ; JUDEICH, *König* ..., 15 ; T. FRANK, *The Hellenistic monarchies*, CAH VII Cambridge, 1928, 648 ; WUILLEUMIER, *Tarente* ..., 124 ; LÉVÊQUE, *Pyrrhos* ..., 400-404 ; DE SANCTIS, *Storia* ..., II, 381 ; KIENAST, *RE*, XXIV, 1, *Pyrrhos* n. 13, 146 ; H. H. SCULLARD, *A History of Roman world 753-146 b.C.*, London, 1966, 122 ; P. GRIMAL (a cura di), *L'Ellenismo e l'ascesa di Roma*, Milano, 1967, 303 ; H. HEINEN, *Untersuchungen, Historia*, Einzelschriften 20, Wiesbaden, 1972, 57. Alla ribellione dei Molossi citata dal solo Appiano crede il NIEBUHR, *Römische Geschichte*, III 591 sg., la nega decisamente GAROUPHALIAS, *Pyrrhus* ..., 93.

(8) DION. XIX 16, 3 : (discorso di Fabrizio a Pirro) *παρέσχε γάρ μοι (scil. Fabrizio) τὰ πολιτικὰ πράγματα χρηματισμῶν ἀφορμὰς δικαίας, πολλάκις μὲν καὶ πρότερον, μάλιστα δ', <ἐπεὶ> ἐπὶ Σαυνίτας καὶ Λευκανοὺς <καὶ> Βρεττίους στρατιὰν ἄγων ἐστάλην τετάρτῳ πρότερον ἐνιαυτῷ τὴν ὕπατον ἀρχὴν ἔχων* ...

(9) Se infatti le fonti plutarchee fossero state largamente congruenti nel narrare le vicende in questione, per quanto lo storico oscillasse dall'una all'altra non avrebbe potuto essere indotto a sovvertire l'ordine degli avvenimenti e infine a collocare la battaglia di Ascoli addirittura nel 278 a.C., dopo il secondo consolato di Fabrizio ed Emilio ; bisogna quindi ipotizzare, a mio parere, che in almeno una delle sue fonti l'ordine fosse il seguente : Eraclea — Ascoli — ambasceria di Fabrizio — consolato di Fabrizio ed Emilio. Plutarco, consultando questa fonte circa il racconto dell'ambasceria, vi avrebbe trovato subito dopo il rinvio al consolato di Fabrizio ed Emilio e in tale successione avrebbe riportato i due avvenimenti, introducendo solo dopo la battaglia di Ascoli quale resto comune a tutte le fonti o per attenersi alla cronologia più diffusa che la poneva dopo l'ambasceria di Fabrizio, ma di fatto collocandola così erroneamente anche dopo il consolato di Emilio e Fabrizio del 278 a.C.

Plutarco inoltre, mentre sembrerebbe produrre sia a *Pyrrh.* XX 1 (legazione di Cinea e intervento di Appio Claudio — ambasceria di Fabrizio) sia a *Pyrrh.* XXI 5 (consolato di Fabrizio ed Emilio — battaglia di Ascoli) due stacchi nel racconto ricorrendo alla formula *ἐκ τούτου*, parrebbe congiungere invece, senza soluzione di continuità (*μετὰ ταῦτα*), la missione fabriciana con il consolato del 278 a.C. (*Pyrrh.* XXI 1).

(10) Che Ieronimo sia fonte di IUST. XVIII 1,7 - 2,12 sostiene da ultimo anche LA BUA, *Pirro in Pompeo Trogo* ..., 183 sg., a cui rinvio per l'esame dettagliato dei

Dionigi [11] : la coincidenza di due fonti, l'una greca (ed autorevole), l'altra romana confermerebbe la presenza di una seconda cronologia per le negoziazioni tra Pirro e i Romani. Dalle spie che emergono da Dionigi e Plutarco sembrerebbe che tale cronologia, antica e di fonte autorevole, sia stata oscurata dalla tradizione più diffusa, elaborata in epoca più recente [12].

E' certamente difficile cogliere i motivi che hanno prodotto mutamenti all'interno della tradizione e le stratificazioni in essa avvenute, tuttavia è forse possibile arguire una delle cause che indussero a sovvertire l'ordine cronologico dell'avvenimento in questione. Come si è visto, la dichiarazione di guerra comportò divisioni tra i Romani e tra i protagonisti più discussi dello scontro romano-epirota vi fu certo C. Fabrizio, come dimostrano anche i frammenti di Valerio Anziate e Claudio Quadrigario in precedenza citati [13]. Ora, l'anticipazione potrebbe essersi imposta nel momento in cui la battaglia di Ascoli, ancora registrata quale sconfitta in Valerio Anziate (cfr. Gell. III 8), iniziò ad essere rappresentata come incerta o addirittura vittoriosa : mutate le sorti di Ascoli, non solo l'operato di Fabrizio risultava svalutato, ma egli appariva quale promotore intempestivo della pace ; potrebbe essere quindi stato prodotto proprio allora lo spostamento cronologico della legazione, in modo da rivalutare gli intenti tesi alla pace, ma non arrendevoli di Fabrizio e garantire ulteriormente la sua integrità e virtu [14].

luoghi trogiani e la relativa bibliografia ; Ieronimo è peraltro una delle fonti di Plutarco, in riferimento alle battaglie di Eraclea ed Ascoli, per attestazione dello stesso storico (Plut., *Pyrrh.* XVII 4 e XXI 8).

(11) Sulla possibilità di rilevare, pur all'interno di un discorso, una fonte particolare, cfr. *infra* pp. 41-42.

(12) Si può tuttavia ammettere con Passerini, *Sulle trattative* ..., 92, l'offerta di mediazione prima di Eraclea e la restituzione, dopo la battaglia, dei prigionieri in segno di pace.

Non manca infine chi pensi a una duplice ambasceria di Fabrizio, nel 280 a.C. dopo Eraclea e nel 279 a.C. dopo Ascoli (cfr. Judeich, *König* ..., 11 sg. e Frank, *The Hellenistic monarchies* ..., *CAH*, VII, 646 sg.), ma le fonti antiche, e questa volta in perfetta unanimità, attestano una sola missione di Fabrizio.

(13) Cfr. *supra* p. 32.

(14) Sull'intera questione e in particolare sul ruolo rivestito dalla fonte di Dionigi nella tradizione annalistica della guerra pirrica cfr. *infra* pp. 95-100. Sull'esaltazione di Fabrizio nella storiografia romana cfr. Nenci, *Pirro* ..., 21 sgg. Sugli aneddoti relativi a Fabrizio, basti rinviare a Hamburger, *Untersuchungen* ..., 60-61 (con una tavola delle testimonianze parallele).

Poiché nel racconto delle *Antiquitates* emergono ancora incertezze sulla collocazione cronologica dell'ambasceria, mentre in Livio appaiono già saldamente attestati sia il mutamento dell'esito di Ascoli (*dubio euento*) che l'anticipazione al 280 a.C. della missione fabriciana, io credo che la fonte dionisiana si debba collocare dopo l'età sillana, ove la battaglia di Ascoli è ancora riconosciuta quale vittoria epirota, e prima della stesura liviana, quando appunto i cambiamenti all'interno della storia pirrica si affermano e diventano vulgata. La tendenza apertamente filo-fabriciana del racconto dionisiano mi sembra inoltre confermata da un altro indizio.

A XIX 13, 3 Pirro, rispondendo ai delegati romani che chiedono il riscatto dei prigionieri, afferma : *Σχέτλιόν τι πρᾶγμα ποιεῖτε, ὦ ἄνδρες Ῥωμαῖοι, φιλίαν μὲν οὐ βουλόμενοι συνάψαι πρὸς ἐμέ, τοὺς δὲ ἁλόντας κατὰ πόλεμον ἀξιοῦντες ἀπολαβεῖν* ..., lasciando intendere che proposte di pace erano state in precedenza avanzate e rifiutate dai Romani : la circostanza sembra rinviare alla missione di Cinea (e al discorso tenuto da Appio Claudio in senato), che quindi anche nelle *Antiquitates*, come in Plutarco e in Appiano, doveva trovar luogo prima dell'ambasceria romana. Secondo tale ricostruzione gli avvenimenti nel racconto dionisiano risultano così disposti : 1) Eraclea 2) legazione di Cinea sulla pace e intervento di Appio Claudio in senato 3) avanzata di Pirro verso Roma 4) ambasceria di Fabrizio, Emilio e Cornelio per lo scambio dei prigionieri. Tale successione assegna il ruolo principale e definitivo nei contatti diplomatici romano-epiroti a Fabrizio e al suo rifiuto netto delle offerte di Pirro. Il racconto dionisiano si rivelerebbe quindi più apertamente filo-fabriciano di quello di Livio, che, pur sottolineando il valore di Fabrizio, di fatto attribuisce la svolta determinante nei tentativi diplomatici sortiti da Pirro all'azione e all'impegno di Appio Claudio : è il suo intervento a condizionare (e modificare) la posizione senatoriale.

Dionigi riporta quindi l'ambasceria sotto un'ottica tutta fabriciana ; il comandante romano diventa l'antagonista di Pirro per eccellenza : la storia della guerra pirrica diviene sempre più nel XIX libro storia di individualità distinte e gesti isolati, che convergono a esaltazione di un unico personaggio, C. Fabrizio. Pur in questa continuità di interpretazione ([15]), i capp. XIX 13-18 manifestano, rispetto a XIX 9-12, un diverso giudizio su Pirro : egli mostra ammirazione dinanzi alla

(15) Cfr. *supra* pp. 32-33.

virtù romana (per tal motivo, tra l'altro, rifiuta la liberazione dei prigionieri), è pronto ad offerte di pace che pongano onorevolmente fine alla guerra ; appare più riflessivo e meno arrogante ; è, infine, consapevole del valore romano : la tendenza di XIX 13-18 si distinguerebbe quindi da quella di XIX 9-12, mentre si avvicinerebbe alla tendenza di XIX 6-8, mostrandosi analogamente favorevole al gruppo di Fabrizio ed Emilio Papo, quest'ultimo connesso anche familiarmente con Emilio Barbula a cui tanto spazio si concede proprio a XIX 6-8.

L'autore peraltro, come in XIX 6-8 quelle dirette contro Emilio Barbula (e la parte politica a cui egli appartiene), sembra voler stornare qui le critiche rivolte a Fabrizio, accusato di aver patteggiato vergognosamente contro il nemico, un accenno ai detrattori trapelerebbe anche da *A.R.* XIX 15, 2 : *Περὶ δὲ τοῦ κάκιόν με Ῥωμαίων τινὸς πράττειν δι'ἀπορίαν καὶ μηδὲν εἶναί μοι πλέον ἀσκοῦντι καλοκαγαθίαν, ὅτι τῶν πλουσίων οὐκ εἰμί, κακῶς ὑπείληφας εἴτ'ἀκούσας τινὸς εἰτ'αὐτὸς εἰκάζων.* La fonte di Dionigi ribalta l'accusa, affermando che Pirro addirittura tentò di corromperlo, benché chiedesse solo la pace (promettendo di ritornare subito in patria), ma Fabrizio fu inflessibile, ottenendo ugualmente per il suo rigore morale la liberazione dei prigionieri. La coincidenza tra Dion. XIX 6-8 e Dion. XIX 13-18, sia nella tendenza (pro-fabriciana ed emiliana) sia nella difesa da eventuali detrattori, induce a ritenere che entrambi derivino dalla stessa fonte.

E' possibile determinare da quale autore Dionigi tragga questa tendenza ? Innanzitutto varrà precisare che non si può attribuire l'intero colloquio ad un'unica fonte ; esso infatti si orchestra e si sviluppa su motivi diversi che di certo trovano origine nell'esperienza retorica e nell'ampia tradizione letteraria a disposizione dello storico di Alicarnasso (16). Tuttavia proprio la discrepanza cronologica prima notata e il fatto che l'intero discorso di Fabrizio proponga in modo evidente, come si vedrà tra breve, un motivo base sottolineano, a mio parere, la presenza di una fonte particolare da cui Dionigi deve aver tratto almeno gli spunti principali del racconto. Un'opposizione infatti si profila fin dall'inizio nel colloquio, quella tra la concezione ellenistica della monarchia sostenuta da Pirro e l'attaccamento alle istituzioni repubblicane da parte di Fabrizio. Il primo è presentato come il re benefico e prodigo : *καλὸν νομίσας ἀνάλωμα καὶ πρέπον ἡγεμόνι τοὺς*

(16) Sui discorsi nelle *Antiquitates Romanae* cfr. J. Flierle, *Über Nachahmungen des Demosthenes, Thucydides, und Xenophon in den Reden d. röm. Archäol. des. Dionysios*, Progr. d. Ludwigs-Gymn., München, 1889-1890.

ἀγαθοὺς ἄνδρας ἀναξίως τῆς ἀρετῆς διὰ πενίαν πράττοντας εὐργετεῖν καὶ βασιλικοῦ πλούτου τουτ'ἀνάθημα καὶ κατασκεύασμα λαμπρότατον (Dion. XIX 14, 2) ; il secondo come avversario deciso della monarchia che ritiene regime di schiavitù (XIX 15-18).

Il passo suggerisce, forse in forma azzardata, ma, come vedremo, possibile, il confronto-opposizione tra Cesare e Catone (Sall., *Cat.* LIV). La suggestione lascia posto a qualche elemento di veridicità, se si analizza in particolare la conclusione del discorso di Fabrizio (XIX 18) e la si confronta con il racconto di Dione sulla morte di Catone Uticense (Dio XLIII 10 sq.). Dalla coincidenza di temi — la difesa dell' *ἐλευθερία καὶ παρρησία* (cfr. Dion. XIX 18 e Dio XLIII 10) (17) — si giunge persino a quella lessicale. Si confronti ad esempio Dio XLIII 10 : *ὅτι ἐγὼ μὲν ἔν τε ἐλευθερίᾳ καὶ παρρησίᾳ τραφεὶς οὐ δύναμαι τὴν δουλείαν ἐκ μεταβολῆς ἐπὶ γήρως μεταμαθεῖν* con Dion. XIX 18, 4 : *πῶς δ'ἂν ὑπομεῖναι δυναίμην ἐγὼ τοῦ βίου μεταβολὴν ὀψὲ δουλεύειν διδασκόμενος ;* La coincidenza è senz'altro singolare e indurrebbe a credere, nonostante la differenza cronologica dei due passi, alla presenza di una fonte comune in Dionigi e Dione ; ma proprio il diverso periodo a cui fanno riferimento i due passi e la collocazione dell'autore dionisiano tra l'età sillana e l'epoca augustea potrebbero suggerire un'ulteriore e suggestiva ipotesi : l'anticipazione da parte della stessa fonte dionisiana di motivi propri dell'epoca cesariana, in cui essa quindi con maggiore esattezza dovrebbe essere collocata, ove Fabrizio appaia incarnazione *ante litteram* degli ideali catoniani.

Se quanto finora esposto non è mera congettura, ci troveremmo per il l. XIX di Dionigi (almeno per ciò che ne rimane) sostanzialmente dinanzi a due fonti, l'una Acilio, ancora interessata al pubblico greco (sintomatica è peraltro la scelta di redigere la sua opera in lingua greca), che riproduce in funzione pro-romana la storiografia greca su Pirro, l'altra di età cesariana, rivolta interamente alla politica interna e agli scontri politici che si consumavano nella sua epoca a Roma. Sarà l'esame del l. XX a confermare o smentire tali risultati ed eventualmente a rivelare nuove informazioni utili a comprendere il lavoro di Dionigi e delle sue fonti.

(17) Dion. XIX 18, 3 : *ἤ τίς ὑποδέξεταί με τόπος ἀπαρρησίαστον γενόμενον ὥσπερ εἰκός ; ἡ σὴ βασιλεία, νὴ Δία, καὶ παρέξεις μοι σὺ τὴν τυραννικὴν ἅπασαν εὐδαιμονίαν ; καὶ τί μοι τηλικοῦτο δώσεις ἀγαθόν, ὅσον ἀφελεῖ τὸ πάντων τιμιώτατον κτημάτων ἀφελόμενος, τὴν ἐλευθερίαν* ; Dio XLIII 10, 13 : (*καὶ γὰρ ἐπὶ φιλανθρωπίᾳ δόξης ἕνεκα φείσαστθαι) ἀλλ'ὅτι τῆς τε (ἐλευθερίας) ἰσχυρῶς ἤρα καὶ ἡττᾶσθαι οὐδενὸς οὐδὲν ἐβούλετο τοῦ τε θανάτου πολὺ τὸν παρὰ τοῦ Καίσαρος ἔλεον χαλεπώτερον ἡγεῖτο εἶναι.*

CAPITOLO SECONDO

DALLA BATTAGLIA DI ASCOLI ALLA RIVOLTA NEL SANNIO (*A.R.* XX)

Dionigi XX 1-3 :
la battaglia di Ascoli

Il l. XX delle *Antiquitates Romanae* si apre, nei frammenti superstiti, con il racconto della battaglia di Ascoli, secondo scontro tra le truppe di Pirro e l'esercito di Roma (1). Dionigi ne conserva un resoconto ampio, che ha il suo avvio nella descrizione dettagliata dello schieramento delle parti in campo (XX 1) : all'ala sinistra la prima legione è contrapposta alla falange macedone e ambraciota e ai mercenari tarantini ; accanto la terza affronta la falange dei Tarantini e le truppe bruzie e lucane ; al centro è schierata la quarta contro Molossi, Caoni e Tesproti ; infine all'ala destra, contro i mercenari etoli, acarnani e la falange sannita, la seconda (2). Pirro dispone di settantamila fanti, circa ottomila cavalieri e diciannove elefanti ; i Romani di oltre settantamila fanti e ottomila cavalieri.

Il combattimento è a lungo equilibrato, ma poi Lucani e Bruzi, seguiti ben presto dai Tarantini, iniziano la fuga. Mentre Pirro invia una parte del suo squadrone in aiuto delle truppe in ritirata, si verifica in favore dei Romani un intervento divino : un contingente di Dauni, proveniente da Argirippa, giunto per caso nei pressi dell'accampamento nemico, a circa venti stadi dal luogo della battaglia, lo espugna dandolo alle fiamme.

(1) Sulla localizzazione della battaglia, che ebbe luogo nel 279 a.C. secondo alcuni studiosi presso il Carapella secondo altri presso l'Aufido, cfr. E. T. SALMON, *A topographical study of the battle of Ausculum*, *PBSR*, 1932, 44-51 e LÉVÊQUE, *Pyrrhos* ..., 380-384 (con bibliografia precedente).

(2) Sugli ethne epiroti e gli altri popoli presenti nell'esercito di Pirro cfr. LÉVÊQUE, *Pyrrhos* ..., 185-197 ; N. G. L. HAMMOND, *Epirus. The geography, the ancient remains, the history and the topography of Epirus and adjacent areas*, Oxford, 1967, 672 ; P. CABANES, *L'Épire de la mort de Pyrrhos à la conquête romaine (272-167)*, *Annales Littéraires de l'Université de Besançon* 186, Paris, 1976, 89-90, 111 sgg., 133, 183 ; P. SALMON, *Les magistrats fédéraux du koinon des Épirotes (232-167)*, in (a cura di) P. CABANES, *L'Illyrie méridionale et l'Épire dans l'antiquité*, Clermont-Ferrand, 1987, 125-134, 125.

Sia Pirro che i Romani inviano in seguito truppe sul nuovo fronte di battaglia aperto dallo sfondamento della linea epirota : gli scontri, cruenti, continuano fino al tramonto, quando i due eserciti si dividono ; la conquista del campo nemico riequilibra le sorti del combattimento, che si conclude con esito incerto ([3]).

Il racconto dionisiano presenta una generale tendenza pro-romana che spinge, ancora una volta, a rintracciarne la fonte o le fonti in ambiente annalistico. La descrizione dettagliata dello schieramento greco a XX 1 ha indotto tuttavia gli studiosi ad indicare ora in Prosseno ora in Ieronimo la fonte diretta o indiretta del luogo dionisiano ([4]). Poiché si è individuata una delle fonti del racconto dionisiano su Pirro in Acilio e si è sostenuto che tale annalista utilizzi entrambi gli storici greci ([5]), si può, a mio parere, ragionevolmente supporre che anche in questo caso Dionigi abbia presente l'opera aciliana e attraverso essa quella dei due scrittori contemporanei di Pirro. Non sempre è agevole distinguere nel racconto di Acilio (-Dionigi) il materiale prosseniano da quello ieronimiano, tuttavia io credo che l'annalista si avvalga nella descrizione dello schieramento in prevalenza del primo. Già il La Bua ([6]) ha osservato come la citazione dei Tesproti e dei Caoni di *A.R.* XX 1 corrisponda al frammento di Prosseno riportato da Steph. Byz. s.v. *Χαονία* e come il racconto dionisiano si distingua nettamente da quello plutarcheo di sicura matrice ieronomiana (Plut., *Pyrrh.* XXI 8). A questi elementi ne aggiungerei un altro di diversa natura ; Dionigi a XX 1, 4 afferma : *αὐτὸς δὲ τὸ καλούμενον βασιλικὸν ἄγημα τῶν ἐπιλέκτων ἱππέων ὁμοῦ τι δισχιλίων περὶ αὐτὸν ἔχων ἐκτὸς ἦν τάξεως, ὥστε [εἶναι] τοῖς κάμνουσιν αἰεὶ τῶν σφετέρων ἐξ ἑτοίμου παρεῖναι.*

La considerazione, pur isolata, mi pare rinviare a quel Pirro previdente ed accorto delineato proprio da Prosseno, a cui si contrappone la raffigurazione ieronimiana di un sovrano inavveduto e incapace di valutare le difficoltà e i pericoli delle proprie imprese ([7]).

(3) Cfr. sulla battaglia anche Val. Ant., fr. 21 Peter in Gell. III 8, 1 ; Liv., *Per.* XIII ; Plut., *Pyrrh.* XXI 5-10, che dipende da Ieronimo (cfr. Plut., *Pyrrh.* XXI 8) ; Frontin., *Strat.* II 3, 21 ; Fl. I 13, 9-10 ; Eutr. II 13, 4 ; Zon. (Dio) VIII 5 ; Or. IV 1, 19-22 ; Iust. XVIII 1, 11.

(4) Cfr. in un senso von Scala, *Der Pyrrhische* ..., 148 n. 4 e di recente La Bua, *Prosseno* ..., 53-56, nell'altro Lévêque, *Pyrrhos* ..., 392 ; a Timeo pensa invece Beloch, *Griechische Geschichte* IV 2, 472.

(5) Cfr. *supra* pp. 34-35.

(6) Cfr. La Bua, *Prosseno* ..., 54.

(7) Che questo fosse uno dei motivi della propaganda epirota, che di certo trovava spazio anche nell'opera prosseniana, testimonia Paus. I 12, 2 : *Ἔστι δὲ ἀνδράσι βιβλία*

Peraltro la dipendenza sia di Prosseno sia di Ieronimo dagli *Ὑπομνήματα Πύρρου* (8) basta a spiegare l'unica coincidenza che si potrebbe intravedere tra la narrazione plutarchea e quella dionisiana : a XXI 6 Plutarco presenta le truppe romane bloccate e costrette ad un combattimento in condizione di inferiorità ; la notazione sembrerebbe corrispondere a quanto afferma Dionigi a XX 2, 1-3, dove egli contrappone alla mobilità dell'esercito epirota il combattimento statico di quello romano. Ad Acilio andrà inoltre attribuito, con ogni probabilità, il resoconto di *A.R.* XX 3, 5-6, ove si descrive lo scontro tra i Romani, che inseguono delle truppe nemiche in ritirata, e gli elefanti e gli aiuti lì inviati da Pirro : il carattere cruento del combattimento e soprattutto le numerose vittime romane contrastano con la conclusione equilibrata del conflitto sostenuta da Dionigi e inducono a rintracciare anche qui informazioni di origine greca che sarebbero state conservate nell'opera aciliana (9).

Se quanto finora affermato ha qualche fondamento, potremmo ricostruire nel modo che segue il racconto di Acilio presente in Dionigi : 1) descrizione dello schieramento epirota a cui lo stesso annalista potrebbe aver affiancato la collocazione delle legioni romane (10) ; 2) tattica dei due eserciti ; 3) scontro tra i Romani, lanciati all'inseguimento di reparti epiroti in fuga, e gli elefanti e le truppe inviate in aiuto da Pirro (11) : i combattimenti sono cruenti e molti soldati

οὐκ ἀφανέσιν ἐς συγγραφήν, ἔχοντα ἐπίγραμμα ἔργων ὑπομνήματα εἶναι. Ταῦτα ἐπιλεγομένῳ μοι μάλιστα ἐπῆλθε θαυμάσι Πύρρου τόλμαν τε, ἣν μαχόμενος αὐτός [τε] παρείχετο, καὶ τὴν επὶ τοῖς ἀεὶ μέλλουσιν, ἀγῶσι πρόνοιαν. Sugli *ὑπομνήματα* citati da Pausania cfr. Mazzarino, *Il pensiero* ..., II, 361 ; Lévêque, *Pyrrhos* ..., 20-21 ; La Bua, *Prosseno* .., 15. Sulla diversa raffigurazione di Pirro in Prosseno e Ieronimo cfr *infra* p. 92-93.

(8) Cfr. La Bua, *Prosseno* ..., 26-27, che attribuisce, con buoni argomenti, la redazione dei *Commentari* di Pirro allo stesso Prosseno.

(9) Dionigi, secondo quanto riferisce Plutarco a XXI 9, nel resoconto per noi perduto attribuiva a entrambe le parti il medesimo numero di perdite (15.000) e sosteneva il ferimento dello stesso Pirro durante la battaglia. Circa quest'ultimo episodio, esso è riportato anche da Flor. I 13, 10 ; Eutr. II 13 ; Or. IV, 1, 20 ; Zon. VIII 5, 6, mentre Iust. XVIII 1 ne parla in relazione alla battaglia di Eraclea. Non accordano alcun credito alla notizia Schubert, *Geschichte* ..., 197 ; Beloch, *Griechische Geschichte*, IV 2, 474 ; Hamburger, *Untersuchungen* ..., 38 e Lévêque, *Pyrrhos* ..., 398-399 ; ritengono invece che essa possa spiegare l'inattività di Pirro dopo Ascoli Judeich, *König* ..., 9, n. 1 e Wuilleumier, *Tarente* ..., 124.

(10) Così Lévêque, *Pyrrhos* ..., 93, in riferimento però a Dionigi ; io non escluderei tuttavia che Acilio ne trovasse traccia nelle sue fonti.

(11) Di uno sfondamento romano della linea epirota rimane forse traccia anche in Plutarco (XXI 7), dove si afferma, sulla base di Ieronimo, che le truppe romane

romani cadono. Il racconto aciliano, che doveva concludersi con la sconfitta romana ([12]), appare in Dionigi tagliato, tuttavia è possibile ipotizzare, sulla base dei dati proposti, quale tattica delineasse da parte di Pirro. Il re, collocando gli armati alla leggera e gli elefanti, nonché la sua guardia a una ragionevole distanza dal campo di battaglia, come si dice in *A.R.* XX 1, 4, sembra prevedere lo sfondamento della sua linea da parte romana e si prepara ad accerchiare e attaccare le truppe inseguitrici : qui ci furono il numero maggiore di vittime proprio ad opera degli arcieri e frombolieri epiroti e qui si decisero le sorti del combattimento ; la strategia ricorda, *mutatis mutandis*, quella elaborata a Canne da Annibale (Pol. III 115) ([13]).

Anche su questo punto si dovrà pensare ad una prevalenza nel racconto aciliano di Prosseno rispetto allo storico di Cardia ; mentre quest'ultimo infatti attribuiva il ruolo determinante nelle sorti della battaglia all'intervento degli elefanti (Plut., *Pyrrh.* XXI 7), in Dionigi (-Acilio) si afferma chiaramente la sua inefficacia e si assegna ai fanti e agli armati alla leggera ogni merito (*A.R.* XX 3, 6). Il contrasto tra Ieronimo e l'autore epirota trova giustificazione nel tentativo del primo di svalutare le capacità strategiche di Pirro e nell'intento del secondo di elogiare la tattica del re e il valore delle sue truppe.

Questo racconto, tratto da Acilio, si distingue peraltro dalla rimanente narrazione dionisiana per la presenza di alcune contraddizioni. Già il Wuilleumier ([14]) aveva notato che a XX 2, 4 Dionigi oppone alle truppe dei Molossi, Tesproti e Caoni la seconda legione, invece della quarta come a XX 1, 5 ; che non si tratti di una svista, come sostiene il Lévêque ([15]), induce a credere una seconda contraddizione, finora mai sottolineata, presente a XX 2, 6, dove lo storico riferisce : *οἱ δὲ ἐν μέσῃ τῇ βασιλικῇ φάλαγγι ταχθέντες Λευκανοὶ καὶ Βρέττιοι χρόνον οὐ πολὺν ἀγωνισάμενοι τρέπονται πρὸς φυγὴν ὑπὸ τοῦ τετάρτου Ῥωμαικοῦ τάγματος ἀνασταλέντες. ὡς δὲ ἅπαξ ἐνέκλιναν οὗτοι, καὶ διερράγη τὸ*

furono respinte laddove Pirro combatteva alacremente contro il nemico ; poiché da Dionigi (XX 1) sappiamo che il re con un gruppo di soldati scelti si era posto in retroguardia per soccorrere i contingenti che dessero segno di sfinimento, credo che la notizia plutarchea risulti più facilmente comprensibile alla luce proprio di un inseguimento romano al di là della linea epirota.

(12) Ricordo che ancora in età sillana, come testimonia Valerio Anziate in Gell. III 8, la battaglia di Ascoli era considerata una sconfitta romana.

(13) Non si può escludere peraltro che la coincidenza dei luoghi abbia indotto ad una strategia affine.

(14) Cfr. Wuilleumier, *Tarente* ..., 122.

(15) Cfr. Lévêque, *Pyrrhos* ..., 392.

κατ'αὐτοὺς μέρος τῆς φάλαγγος, οὐδὲ οἱ τὴν πλησίον αὐτῶν λαβόντες στάσιν Ταραντῖνοι παρέμενον, ἀλλὰ ἐντρέψαντες κἀκεῖνοι τὰ νῶτα τοῖς πολεμίοις ἔφευγον.

I Lucani, i Bruzi e i Tarantini sono qui posti con evidenza al centro dello schieramento reale, essi erano collocati invece a XX 1, 2 da Dionigi (-Acilio) all'ala destra : *βασιλεὺς μὲν Πύρρος τὴν Μακεδονικὴν φάλαγγα πρώτην ἔταξεν ἐπὶ τοῦ δεξιοῦ κέρατος καὶ μετ'αὐτὴν τοὺς ἐκ τοῦ Τάραντος μισθοφόρους Ἰταλιώτας. ἔπειτα τοὺς ἐξ Ἀμπρακίας καὶ μετ'αὐτοὺς τὴν Ταραντίνων λεύκασπιν φάλαγγα ἑξῆς δὲ τὸ Βρεττίων καὶ Λευκανῶν συμμαχικόν*, mentre al centro (*ἐπὶ μέσης* ...) erano schierati i Tesproti e Caoni. La diversa collocazione delle truppe reali è confermata dal fatto che ora a Lucani e Bruzi è opposta non la terza legione (come a XX 1), ma la quarta, la stessa che a XX 1 ha il compito di fronteggiare le truppe dei Molossi, Caoni e Tesproti, cioé quelle in base alla disposizione aciliana allineate al centro dello schieramento reale. Vi è stato quindi uno slittamento verso sinistra dei contingenti di Pirro, così che Molossi, Caoni e Tesproti sono stati collocati all'ala sinistra contro la seconda legione, Lucani, Bruzi e Tarantini al centro contro la quarta, mentre all'ala destra, contro la prima legione, sono rimasti i Macedoni. Motivo dello spostamento si ricava forse da Frontin. II 3, 21, dove la collocazione centrale è attribuita solo ai Tarantini (i Bruzi e i Lucani sono posti all'ala sinistra, i Sanniti e gli Epiroti all'ala destra) e trova motivazione nella scarsa affidabilità degli Italioti : *Pyrrhus pro Tarentinis apud Asculum, secundum Homericum versum quo pessimi in medium recipiuntur* (*Il.* IV 299), *dextro cornu Samnites Epirotasque, sinistro Bruttios atque Lucanos cum Sallentinis, in media acie Tarentinos conlocauit, equitatum et elephantos in subsidiis esse iussit.* Se la versione frontiniana suscita peplessità per i vistosi spostamenti cui sono sottoposte le truppe reali (le due ali sono di fatto invertite ; i Macedoni, nerbo dello schieramento, non sono ricordati ; i Molossi, Tesproti e Caoni sono menzionati con il semplice nome di Epiroti), essa potrebbe tuttavia conservarci, in modo più rilevato e sentito, la ragione del secondo schieramento presente in Dionigi : il giudizio negativo verso Italici ed Italioti che consigliava di spostarne le truppe in zona centrale ; lo spostamento era inoltre agevolato dalla condizione limitrofa rispetto al centro dei contingenti lucani, bruzi e tarantini.

Le due contraddizioni suggeriscono in ogni caso l'uso da parte di Dionigi di una seconda fonte ; l'ipotesi appare avvalorata da un ulteriore elemento : la menzione a XX 3,5 insieme sia della terza che della quarta legione, lanciate entrambe (diversamente da *A.R.* XX 2, 6 dove si faceva menzione solo della quarta) all'inseguimento di truppe nemiche in fuga, le quali non vengono qui (sempre in modo diverso da *A.R.* XX 2, 6) individuate in modo chiaro, mi sembra che riveli in modo ancora più evidente il tentativo da parte dello storico di combinare notizie contrastanti e di diversa provenienza ([16]).

Peraltro quanto rimane del resoconto dionisiano sulla battaglia di Ascoli, tolte le parti tratte da Acilio, corrisponde in modo cospicuo alla narrazione dello scontro conservata da Zonara-Dione : 1) le armi preparate dai Romani contro gli elefanti, 2) lo scontro con le fiere, 3) l'intervento dei Dauni. Manca in Dione l'accenno alla fuga dei Bruzi, Lucani e Tarantini, ma tale assenza risulta chiara alla luce del mutamento dell'esito dello scontro (da sconfitta a vittoria romana) e della svalutazione, ad esso collegata, della strategia del re epirota. Non si può escludere quindi che si tratti di un unico racconto proveniente o meno a Dionigi e a Dione dalla medesima fonte. L'esito incerto del combattimento riportato da Dionigi dovrà quindi senza molte perplessità attribuirsi a questa seconda fonte (esso peraltro non può in alcun modo derivare da Acilio, in quanto, come si è in precedenza notato, fino all'età sillana lo scontro di Ascoli era considerato dagli annalisti una chiara sconfitta romana) : poiché già si è individuata la presenza nel racconto dionisiano sulla guerra pirrica (l. XIX) di un annalista successivo a tale periodo, non credo di formulare ipotesi avventata nel presumerne anche qui l'uso ([17]).

Il racconto di tale annalista riduce l'importanza dello sfondamento operato dai Romani, confermando indirettamente come esso sia stato fulcro della tattica e della vittoria epirota, e sottolinea l'episodio dei

(16) Cfr. *A. R.* XX 3, 5 : *οἱ δὲ βασιλικοὶ τοῦ καιροῦ τῆς βοηθείας ὑστερήσαντες ἐπὶ τοὺς ἐκ τοῦ τρίτου καὶ τετάρτου τάγματος Ῥωμαίους ἐτράποντο πολὺ προεληλυθότας ἀπὸ τῶν ἄλλων, ὅτε τοὺς κατὰ σφᾶς πολεμίους ἐτρέψαντο.*

Preciso inoltre che le contraddizioni del racconto dionisiano non possono essere risolte ammettendo soltanto un contrasto tra Prosseno e Ieronimo in Acilio, sia perché Plutarco, sulla base di Ieronimo, non riferisce alcuno schieramento né corregge quello dionisiano (mentre riporta a XXI 9-10 le altre differenze tra Dionigi e Ieronimo) sia perché i racconti della battaglia di Prosseno e Ieronimo, pur nella loro diversa interpretazione, risultano fra loro conciliabili e in più di un luogo congruenti (cfr. *supra* p. 47 e n. 11).

(17) Cfr. *supra* pp. 40-42. A Licinio Macro, ma senza alcuna prova, pensa LÉVÊQUE, *Pyrrhos* ..., 380.

Dauni, con ogni probabilità, assente in tale veste in Acilio. Ad Acilio infatti non poteva giungere né da Prosseno che difficilmente avrebbe accolto un motivo che tornava a danno dello stesso Pirro, né da Ieronimo, come testimonia Plut., *Pyrrh.* XXI 8-9, né infine, almeno in tale forma, dalla tradizione annalistica che registrava ancora fino a Valerio Anziate la sconfitta romana ([18]).

Sulla base di quanto finora affermato si possono evidenziare quattro diversi stadi di elaborazione nel racconto della battaglia di Ascoli : Prosseno e Ieronimo contemporanei agli avvenimenti ne lasciano un resoconto differente, il primo sottolinea la tattica di Pirro, che mirava a permettere lo sfondamento di un settore del suo esercito e ad accerchiare e annientare le truppe inseguitrici, mietendo strage fra i nemici ; il secondo, svalutando le capacità tattiche del re, attribuisce il ruolo fondamentale all'intervento degli elefanti ed elogia le truppe romane ; in campo romano Acilio fornisce un resoconto vicino a quello prosseniano, sua fonte diretta, mentre *x* ridimensiona la tattica epirota e rileva l'episodio dei Dauni che ristabilisce l'equilibrio tra le forze in campo. Proprio quest'episodio sarà ripreso nell'opera dionea e considerato quale evento fondamentale della battaglia : da un lato lo sfondamento romano è del tutto trascurato, dall'altro causa della vittoria diventano appunto i Dauni.

Diversa è la strada seguita da Frontino, e forse in precedenza da Livio ([19]) : il secondo schieramento epirota in Dionigi è ancora sufficientemente forte per sostenere l'impeto romano tanto che si deve ricorrere all'intervento dei Dauni per giustificare l'esito incerto del combattimento, in Frontino invece lo schieramento epirota, privo della falange macedone su una delle due ali e con il centro molto debole, si presenta già impossibilitato a resistere all'urto romano ; tanto è vero che rispetto alla parità di vittime sostenuta dall'autore dionisiano, in Frontino passiamo alla cifra di quarantacinquemila caduti per Pirro e cinquemila per i Romani ([20]).

L'esame condotto finora ha permesso di confermare l'uso anche in questo caso da parte di Dionigi delle medesime fonti individuate nel

(18) E' difficile peraltro determinare se l'episodio dei Dauni sia l'elaborazione di un avvenimento particolare e di lieve entità, ad es. la presa di un avamposto, realmente verificatosi durante la battaglia di Ascoli. Ricordo inoltre che il Lévêque, *Pyrrhos* ..., 307 ritiene gli Apuli, compresi gli abitanti di Arpi, alleati di Pirro e non dei Romani.

(19) Che Frontino dipenda da Livio sostiene il Lévêque, *Pyrrhos* ..., 394.

(20) Le stesse cifre sono riportate anche dagli altri liviani (cfr. Eutr. II 13, 4 e Or. IV, 1, 22).

XIX libro, tuttavia diversamente da quanto si è notato in tale libro, dove lo storico sembrava alternare le proprie fonti a seconda degli argomenti, qui egli le interseca senza tuttavia riuscire a conciliare i loro diversi racconti, tanto che la narrazione sembra talora procedere a sbalzi. Inoltre, in modo differente dal l. XIX, qui Acilio sembra chiaramente preferire l'interpretazione prosseniana rispetto a quella di Ieronimo ; giustificazione di tale atteggiamento ricaviamo forse dal racconto plutarcheo, esso evidenzierebbe come l'interesse di Ieronimo convergesse non tanto verso gli schieramenti delle parti e lo svolgimento dettagliato della battaglia quanto a sottolineare due convinzioni dello storico cardiano : da un lato i limiti dell'azione, e della vittoria, del re, dall'altro il coraggio, tuttavia inutile, delle truppe romane. Poiché il racconto ieronimiano della battaglia di Ascoli deriva, per attestazione dello stesso Plutarco (*Pyrrh.* XXI 8), dai *Commentari* di Pirro, si può ritenere che si presentasse più sintetico rispetto all'originale e rispetto a quello dello stesso Prosseno, che dei *Commentari* dovette senza dubbio servirsi ampiamente anche nei successivi *Ēpeirōtikà*. Acilio, che aveva tra le mani l'opera di entrambi gli storici, potrebbe aver accordato maggiore attenzione alla seconda, proprio in virtù della sua ampiezza e del suo resoconto più dettagliato circa lo svolgimento della battaglia : tuttavia i tagli operati da Dionigi (e dal suo *excerptor*) non permettono di escludere che egli attingesse da Ieronimo almeno l'elogio chiaro dei soldati romani.

Dionigi XX 4-5 :
i fatti di Regio

Alla battaglia di Ascoli segue il racconto dell'eccidio perpetrato ai danni dei Regini dalla guarnigione romana lasciata da Fabrizio a difesa della città, su richiesta degli stessi abitanti : essi temevano che, quando il comandante avesse abbandonato la difesa di Turi, i Lucani e i Bruzi li avrebbero attaccati, sospettavano inoltre dei Tarantini (*A.R.* XX 4, 1-3). Dionigi narra poi, a XX 4, che il campano Decio, capo della guarnigione, persuase, con un inganno suggeritogli dal suo segretario, i soldati ai suoi ordini che i Regini avevano intenzione di aprire le porte a Pirro e di consegnare a tradimento il presidio, e li indusse in tal modo ad uccidere tutti i notabili della città. Divenuto quindi tiranno, si alleò con i Campani padroni di Messina e i più potenti in Sicilia, per opporsi alla prevedibile reazione romana. Il senato, avuta notizia dell'accaduto, senza indugi inviò a Regio il comandante rimasto in città, Fabrizio, con un esercito di nuova leva, tuttavia Decio fu raggiunto ancor prima dalla punizione divina, che gli inflisse una grave malattia agli occhi. Il campano richiese allora l'intervento di un famoso medico messinese, il quale però, regino d'origine, a vendetta dei suoi compatrioti, con un impasto caustico ne provocò la cecità. Dopo aver resistito per alcuni giorni, tradito da suoi stessi seguaci, che speravano in tal modo di salvarsi, venne consegnato ai Romani ; Fabrizio restituì quindi la città ai Regini superstiti e inviò Decio con i capi della rivolta a Roma, ove questi ultimi vennero giustiziati, mentre Decio e il suo segretario si sottrassero alla condanna con il suicidio.

Sull'introduzione del presidio a Regio le opinioni degli studiosi moderni divergono ; alcuni pongono l'avvenimento, sulla base di Dionigi, nel 282 a.C. ad opera di Fabrizio (1), altri, seguendo la

(1) Cfr. v. Scala, *Der Pyrrhische* ..., 118 ; Beloch, *Griechische Geschichte*, IV 2, 480 sgg. ; Ciaceri, *Storia* ..., III 36, n. 5 ; Jacquemod, *Sulle direttive* ..., 465 ; Wuilleumier, *Tarente* ..., 101 n. 7 ; Lévêque, *Pyrrhos* ..., 246 n. 4 ; Walbank, *A historical* ..., I, Oxford, 1957, 52 ; De Sanctis, *Storia* ..., II, 379, n. 2 e 395 ; Cassola,

testimonianza di Pol. I 7, 7, Diod. XXII 1, 2-3 e Liv., *Per.* XII, nel 280 a.C. (2) ; maggiore accordo vi è invece sulla data della rivolta di Decio, collocata generalmente subito dopo la battaglia di Eraclea (3), e sull'interpretazione da riservare a tale episodio ; in specie dopo l'attento esame del Beloch (4), si ritiene che l'attacco ai danni della città italiota fu sollecitato a nome del senato romano dallo stesso Fabrizio, fosse egli console o preposto al governo della campagna meridionale, per prevenire possibili tradimenti da parte dei Regini a favore di Pirro (5). Così, mentre i Romani, informati dei piani proditori da alcuni abitanti filo-romani, inviavano, con l'aiuto dei Cartaginesi, con cui era stato appena concluso un nuovo trattato, altre truppe, i soldati del presidio, per prevenire le mosse dei Regini, li attaccarono di sorpresa. La guarnigione, dopo aver operato durante l'intera guerra romano-epirota secondo le direttive di Roma, fu mandata a morte nel 270 a.C., accusata dell'eccidio compiuto, per salvaguardare i rapporti di fedeltà stretti da Roma con le città italiote (6).

Si è visto come Dionigi, in modo diverso da tutte le altre fonti, ponga invece la punizione del presidio già nel 278 a.C. ad opera dello stesso Fabrizio (7) : é generalmente riconosciuto che lo storico di Alicarnasso duplichi l'avvenimento (8) ; egli infatti a XX 16 narra di

I gruppi ..., 171 ; V. La Bua, *Regio e Decio Vibellio*, III *Miscellanea greca e romana*, Roma, 1971, 63-141, 70.

(2) Cfr. Niese, *Geschichte* ..., II, 32 ; C. Scano, *L'intervento romano in Regio, RAL*, 1925, 71 sgg. . Judeich, *König* ..., 3 ; Hamburger, *Untersuchungen* ..., 96 sgg., Frank, *The Hellenistic monarchies* ..., *CAH*, VII, 643.

(3) Cfr. von Scala, *Der Pyrrhische* ..., 138 ; Niese, *Geschichte* ..., II, 34 ; Beloch, *Griechische Geschichte*, IV 2, 484 ; De Sanctis, *Storia* ..., II, 395 ; Hamburger, *Untersuchungen* ..., 99 ; Frank, *The Hellenistic monarchies* ..., VII, 645 ; Ciaceri, *Storia* ..., III, 51 ; Jacquemod, *Sulle direttive* ..., 455 ; Wuilleumier, *Tarente* ..., 117 ; Lévêque, *Pyrrhos* ..., 330. Pensa invece al 279 a.C. il Cassola, *I gruppi* ..., 176, n. 111 e al 278 a.C., offrendo dati non trascurabili, il La Bua, *Regio* ..., 67, n. 1 e 70.

(4) Cfr. Beloch, *Griechische Geschichte*, IV 2, 480 sgg.

(5) Pensano tuttavia a un semplice ammutinamento di Decio von Scala, *Der Pyrrhische* ..., 138 ; Scano, *L'intervento romano* ..., 70 ; Frank, *The Hellenistic monarchies* ..., VII, 645 ; Wuilleumier, *Tarente* ..., 117.

(6) Sulla ricostruzione degli avvenimenti qui seguita cfr. da ultimo La Bua, *Regio* ..., 81-141.

(7) Cfr. Pol. I 7, 7 ; Diod. XXII 1, 2-3 ; Liv., *Per.* XII e XV ; XXXI 31, 6 ; Dio IX 40, 7-9 ; Oros. IV 3, 4-5, nei quali si giustifica con la guerra romano-epirota il ritardo con cui Roma era intervenuta contro Decio. App., *Samn.* IX 1-3 riporta la stessa versione di Dionigi dal quale, secondo il La Bua, *Regio* ..., 80 n. 2, dipende direttamente.

(8) Cfr. Cassola, *I gruppi* ..., 176 e La Bua, *Regio* ..., 68.

una seconda ribellione verificatasi a Regio ad opera della guarnigione romana e alleata lasciata in quella città : il console C. Genucio inviato con un esercito per domare la nuova rivolta restituisce la città ai Regini e invia gli autori della ribellione in catene a Roma, ove il senato e il popolo, con voto unanime di tutte le tribù, decretano la pena capitale con le modalità previste per i malfattori ; a gruppi di trecento furono legati ai pali, fustigati e giustiziati quattromilacinquecento soldati.

La punizione ricordata a XX 5 è quindi solo un'anticipazione della successiva narrata da tutte le fonti e confermata dai fasti trionfali (9) : essa, presente solo in Dionigi, ha lo scopo di scagionare Fabrizio dall'accusa di aver ispirato l'attacco e per confutare tale sospetto la fonte dionisiana afferma che lo stesso Fabrizio fu inviato a sedare i rivoltosi. La versione delle *Antiquitates* è quindi non solo apertamente pro-romana, ma anche e soprattutto filo-fabriciana : essa anticipa la punizione del presidio perché ne possa essere autore lo stesso Fabrizio e intende difendere quest'ultimo dalle accuse dei suoi detrattori. Che sospetti sull'operato del comandante romano ci fossero a Roma è confermato dallo stesso Dionigi, che a XX 4, 5 afferma : *τινὲς μὲν λέγουσι τὸν γραμματηφόρον ὑπὸ Φαβρικίου τοῦ ὑπάτου κατὰ σπουδὴν ἀπεστάλθαι, τὴν δ'ἐπιστολὴν ταῦτα περιέχειν, ἃ μικρῷ πρότερον ἔφην, καὶ παραινεῖν Δεκίῳ φθάσαι τοὺς Ῥηγίνους.*

Sulla base di quanto finora esposto non sarà quindi avventato ipotizzare da chi Dionigi tragga le sue notizie : si è già notato infatti nell'esame del XIX libro come una delle due fonti finora individuate sia apertamente pro-fabriciana e manometta i dati per esaltare l'eroe romano e difenderlo dai suoi detrattori ; l'uso di tale fonte ha ricevuto conferma dall'esame di *A.R.* XX 1-3, dove si è rilevata peraltro una sua chiara tendenza a modificare in senso pro-romano alcuni episodi (10). La coincidenza di atteggiamenti mi induce a credere quindi che Dionigi utilizzi nuovamente questo racconto ; si può anche aggiungere che egli si è sempre servito finora di tale annalista per parlare di Fabrizio, non dovrà stupire dunque che anche qui vi si rivolga. Lo storico seguirebbe inoltre anche l'ordine espositivo di questo autore : infatti mentre presso di lui avrebbero potuto trovar luogo dopo la battaglia di Ascoli gli avvenimenti regini, in Acilio, l'altra fonte emersa nel racconto dionisiano

(9) A celebrare il trionfo non fu però C. Genucio Clepsina, ma nel 269 a.C. Cn. Cornelio Blasione : sull'argomento cfr. La Bua, *Regio* ..., 117-118, n. 1 (con bibliografia precedente).

(10) Cfr. *supra* pp. 39-42 ; 49-52.

della guerra romano-epirota, avrebbe dovuto essere narrata, secondo quanto dimostrato in precedenza, l'ambasceria di Fabrizio a Pirro e il successivo invio di Cinea presso il senato romano, ove l'intervento di Q. Appio Cieco bloccò ogni tentativo di accordo (11) ; non si può tuttavia escludere che Dionigi abbia poi rintracciato anche nell'opera aciliana gli avvenimenti in esame : infatti se la coerenza del racconto di XX 4 - 5,1 e 5, 3 indica per tali passi come unica fonte *x*, qualche perplessità sorge per *A.R.* XX 5, 2-3, in cui Dionigi narra della cecità di Decio provocata dal medico messinese, ma di origine regina Dexicrate. Lo storico di Alicarnasso interrompe qui il suo precedente racconto : l'aneddoto infatti, se risultava del tutto coerente in una narrazione tesa a scusare il tardivo intervento del senato romano contro Decio, appare invece superfluo nell'assunto dionisiano, in cui il campano riceve subito la sua punizione. Che Dionigi interrompa il suo racconto originario (a meno che il taglio non derivi dal suo *excerptor*) mi pare inoltre convalidato dal fatto che il nome di Fabrizio è introdotto solo a XX 5, 4 dopo l'accenno a XX 5, 1 dell'invio da parte del senato del console presente in città, come se esso fosse già stato ricordato : io credo che così dovesse essere in *x*, ove alle dettagliate indicazioni che si trattava del console rimasto a Roma, alla testa di un esercito di nuova leva, doveva seguire anche quella del nome. Dionigi interrompe quindi, per riportare l'aneddoto, il suo racconto e si rivolge forse all'altra sua fonte, C. Acilio. Solo una debole conferma si può ricevere in tal senso, tuttavia non trascurabile : Dionigi parla per Decio di punizione divina che previene quella umana operata dall'esercito romano ; il motivo in riferimento a Pirro è riportato con evidenza, tanto da caratterizzarne il racconto, da Prosseno, fonte di Acilio (*A.R.* XX 9) (12). Credo che la coincidenza tra i due passi possa quanto meno suggerire la presenza in *A.R.* XX 5, 2-3 di motivi prosseniani e l'ipotesi dell'uso qui da parte di Dionigi di Acilio, tramite dello storico epirota.

(11) Cfr. *supra* pp. 39 sgg., dove si è supposto che l'anticipazione dell'ambasceria risalga allo stesso *x* ; in Acilio quindi essa doveva aver luogo nel 279 a.C.

(12) Cfr. *A.R.* XX 5, 2 : *φθάσασα δὲ τὴν Ῥωμαίων ἄφιξιν ἡ τοῦ δαιμονίου πρόνοια τὸν ἡγεμόνα τῆς φρουρᾶς Δέκιον ἀντὶ τῶν ἀνοσίων βουλευμάτων εἰς τὰ κυριώτατα τοῦ ζῆν ἐτιμωρήσατο μέρη* ... con *A.R.* XX 9 : *Ἡ δὴ δικαία πρόνοια τὴν αὑτῆς δύναμιν ... ἀνόνητον ἐποίησε τὴν ἔννοιαν αὐτοῦ τὸ δαιμόνιον, ἵνα παράδειγμα καὶ παίδευμα πᾶσιν ἀνθρώποις γένοιτο τοῖς μεθ' ἑαυτόν*. In entrambi gli episodi mi pare compaia lo stesso rispetto della potenza divina e del suo giusto intervento punitivo nei confronti degli uomini che hanno infranto le leggi morali. Sulla derivazione da Prosseno di *A.R.* XX 9 attraverso Acilio cfr. *infra* p. 70-73.

Non si può peraltro escludere che quest'ultimo accennasse alle vicende di Decio, visto che gli avvenimenti erano legati al tentativo di Pirro di occupare Regio in modo analogo a quanto era già avvenuto a Turi e in altre città italiote. Si sa poi che Prosseno raccoglieva spesso notizie su tradizioni e vicende storiche delle zone in cui il re aveva operato ([13]), potrebbe quindi essersi interessato ai fatti in esame, che da un lato cambiarono la natura etnica di Regio e dall'altro investirono profondamente i rapporti di fedeltà tra Roma e le città italiote ([14]). Anche in questo caso dunque Dionigi sembrerebbe intersecare le sue fonti senza soluzione di continuità e senza peraltro saperle conciliare in modo convincente.

Varrà ora tornare nuovamente al ricordo della versione denigratoria su C. Fabrizio riportata in *A.R.* XX 4-5 ; escluderei che si tratti di un inserto dionisiano sulla base di una fonte anti-fabriciana, perché in tal caso lo storico comprenderebbe, a mio parere, la differenza sostanziale tra il racconto di questa fonte e quello di *x* e non potrebbe porli entrambi, senza discussione, sul medesimo piano ([15]). Si consideri inoltre che nel racconto della guerra romano-epirota Dionigi alterna, come si è appena ribadito, le sue fonti senza contrapporle apertamente né evidenziare il passaggio dall'una all'altra, anche quando queste dovevano certamente differire ([16]), e non ritengo che vi siano motivi sufficienti per affermare che qui agisca in modo diverso. Si ricorderà d'altra parte come anche negli altri passi di matrice *x* si sia rintracciato invece un costante accenno, benché velato, ai detrattori di Fabrizio, in risposta dei quali l'annalista sembra costruire il suo racconto ([17]). Tale coincidenza mi induce quindi a credere che Dionigi trovasse nello stesso *x* l'accenno alle critiche mosse al comandante romano : in tal caso, qualora nell'annalista si trattasse di una succinta menzione, Dionigi potrebbe non averne compreso a fondo il senso ed essere

(13) Cfr. La Bua, *Prosseno* ..., 1-13.

(14) Va da sé che l'inserimento del motivo prosseniano potrebbe essere opera dello stesso Dionigi e non avere alcun valore stringente, tuttavia si è ritenuto opportuno in questa sede registrare la coincidenza di atteggiamenti tra *A.R.* XX 5, 2-3 e *A.R.* XX 9 e suggerire, con molta cautela, l'ipotesi che sembra derivarne.

(15) Secondo Usher, *The style* ..., 819-820, Dionigi, come Erodoto, presenta talora più versioni, lasciando decidere al lettore quale sia la più attendibile, tuttavia egli spiega sia le implicazioni che i motivi delle diverse posizioni : cfr. ad es. *A.R.* I 26-30 ; I 49 ; II 39-40.

(16) Cfr. *supra* pp. 48-52 quanto si è detto circa la battaglia di Ascoli.

(17) Cfr. *A.R.* XIX 6 e XIX 15, 2.

indotto a concedere sufficiente credibilità a entrambe le versioni. Per quanto non si possa escludere che *x* faccia riferimento a dibattiti dell'epoca sulla figura e l'opera fabriciana, l'insistenza con cui tali accenni ritornano nella sua narrazione permette forse di ipotizzare che egli avesse tra le mani una fonte utilizzata solo in negativo, col fine di confutarla. E' difficile individuare con sicurezza quale sia tale fonte, tuttavia varrà ricordare che di un solo annalista è possibile affermare in modo certo la posizione anti-fabriciana, tale autore é Valerio Anziate che, legato familiarmente ai patrizi Valeri, svalutava la figura di Fabrizio a beneficio dei membri della propria *gens* ([18]) : io credo che non si possa escludere che i riferimenti di *x* rinviino al resoconto di Anziate. L'opposizione tra l'opera di Claudio Quadrigario di tendenza pro-fabriciana e quella di Valerio Anziate attesterebbe poi che la divisione sul comandante romano era ormai netta nell'annalistica di età sillana, donde appunto sarebbe confluita in quella successiva.

Si è già ricordato, infine, che Dionigi riferisce a XX 16 della punizione del presidio ad opera di C. Genucio, attestata anche dalle altre fonti e la sola storicamente accettabile. La precisione con cui si riportano nel passo le procedure seguite per la condanna sembrerebbe attingere alla stessa mentalità giuridica già emersa in *A.R.* XIX 6 : poiché tale sezione è stata attribuita a *x*, non parrebbe avventato ascrivere anche *A.R.* XX 16 allo stesso autore ([19]).

Riguardo all'episodio, Valerio Massimo (II 7, 15) ricorda che il tribuno M. Fulvio Flacco protestò, senza successo, contro la condanna a morte, poiché si era negata ai soldati giustiziati, benché *ciues Romani,* la *prouocatio ad populum* ([20]). L'intervento tribunizio non è posto generalmente in dubbio, mentre si è discordi sulla posizione assunta in merito ad esso da Fabrizio ([21]). Ora, però, Dionigi (e probabilmente

(18) Cfr. *supra* pp. 32-33.

(19) Sull'argomento cfr. *infra* pp. 95-97.

(20) Val. Max. II 7, 15 : *M. Fuluio Flacco tribuno plebi denuntiante ne in ciues Romanos aduersus morem maiorum animaduerteret, nihilo minus propositum executus est.*

(21) Mentre Cassola, *I gruppi* ..., 178 ritiene possibile che il tentativo di Flacco fosse appoggiato e sostenuto da Fabrizio, il La Bua, *Regio* ..., 138-139, esclude con decisione tale ipotesi e pensa invece che proprio dal gruppo di Fabrizio sia partito il rifiuto alla concessione della *prouocatio.* Tuttavia il fatto che la fonte di Dionigi, apertamente filo-fabriciana, non si serva di tale elemento per scagionare il comandante romano e dimostrare che altri in Roma si opponevano alla punizione del presidio, ma preferisce tacere la protesta di Flacco e attribuire allo stesso Fabrizio un intervento punitivo contro il presidio a Regio mi induce a ritenere più probabile l'ipotesi del Cassola.

la sua fonte) non solo, a evitare perplessità sul comandante romano, tace l'avvenimento (e la tendenza pro-fabriciana del racconto di *x* è stata più volte ribadita), ma è spinto dalla preoccupazione di dimostrare come la condanna sia avvenuta secondo le norme previste dalla legge e le procedure prescritte siano state pienamente rispettate. Tale insistenza circa la legittimità, sulla base del *mos maiorum*, sia della condanna sia dell'assenza di alcun sentimento di moderazione contro i ribelli (XX 16, 1) fa tuttavia dubitare che l'interesse della fonte dionisiana sia stato alimentato solo dal desiderio di sconfessare un intervento di fatto particolare e il cui ricordo non era diffuso nelle fonti ([22]) e induce a sospettare, come si vedrà in modo più dettagliato in seguito, che fosse un altro (e a lui più vicino) il punto di riferimento della polemica di *x* ([23]).

(22) Ricordo che la protesta di M. Fulvio Flacco è ricordata solo da VAL. MAX. II 7, 15.

(23) Cfr. *infra* pp. 100-103.

Dionigi XX 6 :
il tentativo di tradimento ai danni di Pirro

Dionigi, dopo i fatti di Regio, ritorna nuovamente a Pirro : il re, dopo aver recitato alcuni versi dell'*Iliade* (VII 242 sq.), dichiara apertamente di aver sbagliato a muovere guerra contro i Romani, poiché essi sono più pii e giusti dei Greci. Come atto di ammenda e riconciliazione libera allora i prigionieri, donando loro vesti e denaro e invitandoli a rendergli amiche le proprie città.

Lo storico prosegue quindi il suo racconto secondo un'impostazione che tende a rilevare le singole personalità protagoniste del conflitto, come già sottolineato per il l. XIX, e la sua attenzione converge ora e nei frammenti successivi (XX 8-12) in particolare su Pirro. L'episodio in esame costituisce, con tutta probabilità, la conclusione di un aneddoto largamente diffuso nel mondo romano (1) e a cui in precedenza si è più volte rinviato : il tentato tradimento di Pirro da parte di un membro della sua corte pronto a scendere a patti con i nemici (2). Dell'aneddoto, a cui gli studiosi non concedono alcun credito (3), ci sono giunte, come si è già detto, due versioni differenti, l'una di Quadrigario l'altra di Valerio Anziate, che manifestano una diversa valutazione circa la figura di Fabrizio : la prima risulta più laudatoria nei confronti del comandante romano, mentre la seconda tende a svalutare i meriti di Fabrizio e a esaltare la lealtà e il coraggio del senato. La versione di Quadrigario è la più attestata nella storiografia latina e, secondo quanto affermato dal Bickerman (4), essa era già presente in Acilio, donde Quadrigario l'avrebbe appunto tratta. In

(1) Cfr. Cic., *De fin.* V 22, 64 ; *De off.* I 13, 40 ; III 22, 86 ; Liv., *Per.* XIII ; XXIV 45, 3 ; XXXIX 51, 11 ; XLII 47, 6 ; Val. Max. VI 5, 1 ; Sen., *Ep.* 120, 6 ; Frontin. IV 4, 2 ; Plut., *Pyrrh.* 21 ; App., *Samn.* 21 ; Flor. I 13, 21 ; Gell. III 8 (in cui sono riportate le versioni di Claudio Quadrigario e Valerio Anziate) ; Ael., *V.H.* XII 33 ; Dio LXXVII 20 ; Eutr. II 14 ; Amm. XXX 1, 22 ; Zon. VIII 5.

(2) Cfr. *supra* pp. 32-33.

(3) Cfr. Hamburger, *Untersuchungen* ..., 67 e Lévêque, *Pyrrhos* ..., 404-406.

(4) Cfr. Bickerman, *Apocryphal correspondence* ..., 316-317.

specie ad Acilio risalirebbe la lettera, riportata negli *Annales* claudiani, inviata dai consoli C. Fabrizio ed Emilio Papo a Pirro al fine di avvertirlo del tentativo di tradimento ; in essa si dice : (Gell. III 8) *Consules Romani salutem dicunt Pyrro regi. Nos pro tuis iniuriis continuis animo tenus commoti inimiciter tecum bellare studemus. Sed communis exempli et fidei ergo uisum ut te saluum uelimus, ut esset quem armis uincere possemus.* La missiva continua con la denuncia del traditore Nicia e con l'invito al re a stare in guardia : *et simul uisum est ut te certiorem faceremus, ne quid eiusmodi, si accidisset, nostro consilio ciuitates putarent factum, et quod nobis non placet pretio aut praemio aut dolis pugnare.* Al contenuto della lettera qui riportato corrisponde con perfetta aderenza la citazione tratta dall'*Iliade* che Dionigi fa pronunciare a Pirro in *A.R.* XX 6 a commento ed elogio del comportamento romano (5). La coincidenza è di un certo interesse, in quanto la missiva e il suo contenuto non sono ricordati nelle altre fonti (6) : essa permette quindi di attribuire il passo dionisiano ad Acilio, fonte già peraltro attestata nel racconto della guerra romano-epirota delle *Antiquitates* (7).

Il Mazzarino (8) ha tuttavia rintracciato l'origine dell'episodio in un autore greco conoscitore di cose romane. Egli ritiene che l'aneddoto si ispiri al precedente racconto del tentato avvelenamento di Cleonimo : «come questo episodio era orientato in senso romano, e tuttavia narrato da un autore greco, così pure il tentato avvelenamento di Pirro, orientato in senso romano, poté essere elaborato anche, ai suoi inizi, da un autore greco abbastanza competente in cose romane».

Ora, in verità, un elemento del racconto dionisiano sembra rinviare ad uno dei motivi più tipicamente prosseniani. In Dion. XX 6, 1 si legge : *καὶ μετὰ τοῦτ' εἰπών, ὅτι κινδυνεύει πονηρὰν πεποιῆσθαι τὴν ὑπόθεσιν τοῦ πολέμου πρὸς ἀνθρώπους ὁσιωτάτους Ἑλλήνων καὶ δικαιοτάτους, μίαν ἔφη θεωρεῖν ἀπαλλαγὴν τοῦ πολέμου καλὴν καὶ συμφέρουσαν.* L'affermazione ricorda molto da vicino la giustificazione offerta da Prosseno per spiegare l'insuccesso politico-militare di Pirro in Italia :

(5) Cfr. DION. XX 6 : *τῷ καὶ σε οὐκ ἐθέλω βάλέειν, τοιοῦτον ἐόντα, / Λάθρη ὀπιπτεύσας, ἀλλ' ἀμφαδόν, αἴ κε τύχοιμι.*

(6) Forse un accenno si può intravedere in CIC., *De off.* III 22, 86 : ... *sed magnum dedecus et flagitium, quicum laudis certamen fuisset, eum non uirtute, sed scelere superatum.*

(7) Il BICKERMAN, *Apocryphal correspondence* ..., 316, nota inoltre come in Dionigi e Quadrigario (-Acilio) la liberazione dei prigionieri sia descritta allo stesso modo.

(8) Cfr. MAZZARINO, *Il pensiero* ..., II, 1, 266 e 360.

come si è già notato, Pirro, secondo Prosseno, fu vittima della punizione divina in seguito all'atto sacrilego compiuto nel tempio di Persefone a Locri (*A.R.* XX 9-10) (9) ; non sfugge certo come anche qui il riconoscimento dell'errore di Pirro (di aver mosso guerra ai Romani) sia strettamente connesso con valutazioni morali e religiose. Non solo, tra la considerazione di Prosseno e quanto si afferma in Dion. XX 6, 1 si può rilevare una diretta dipendenza : poiché, se Pirro ha subito la sconfitta a causa della sua empietà, i Romani devono essere di conseguenza più pii del proprio avversario, il cui errore più grave è stato quindi quello di ingaggiare guerra contro di loro. Vi è perciò una evidente congruenza tra i due passi, sulla base della quale credo che non si possa escludere che l'episodio trovasse posto nell'opera di Prosseno, donde Acilio lo avrebbe tratto rivestendolo di una tendenza apertamente pro-romana. Tale ipotesi offre forse un'ulteriore ragione di una certa preferenza, nel ventesimo libro, da parte di Acilio per l'opera prossenica rispetto a quella ieronimiana. In questa diversa delineazione di Pirro egli poteva rintracciare un chiaro riconoscimento da parte del re delle sue errate valutazioni che tornava, fra l'altro, a lode dei Romani. Da quanto finora affermato risulterebbe, infine, che Dionigi, dopo aver tentato una conciliazione tra le sue fonti, preferisce ora nuovamente usarle, così come nel XIX libro, in forma separata, rivolgendosi a *x* per narrare di Fabrizio e ad Acilio di Pirro.

(9) Cfr. *supra* p. 56 e *infra* pp. 70-73.

Dionigi XX 7-8 : le tirannidi in Magna Grecia — la spedizione in Sicilia di Pirro

Dionigi offre al cap. 7, prima di narrare della spedizione in Sicilia di Pirro (cap. 8), un *excursus* sulle tirannidi instauratesi lungo tutto un secolo (dall'inizio del V alla prima metà del IV sec. a.C.) in Magna Grecia (1). Riferisce che Clinia di Crotone (V sec. a.C.) divenne tiranno nella propria città con l'appoggio di esuli e schiavi liberati ; Anassila (494-476 a.C.), a sua volta, occupò l'acropoli di Regio e, mantenutone il possesso per l'intera vita, ne trasmise il potere al figlio Leofrone. Dopo di loro altri crearono signorie personali ; l'ultima e peggiore fra tutte fu quella di Dionigi I ; egli, signore della Sicilia, fu chiamato in aiuto dai Locresi contro Regio e, scontratosi con gli Italioti, conquistò due loro città. In seguito, in una seconda spedizione, occupò Crotone e Regio, di cui fu tiranno per un periodo di dodici anni. Le città della Magna Grecia si divisero allora e in parte, per paura di Dionigi, si consegnarono ai barbari, in parte, per timore di questi ultimi, si diedero al tiranno : tuttavia sempre malcontente *εὐρίπου δίκην τῇδε καὶ τῇδε πρὸς τὸ συντυχὸν ἐτράποντο*.

Nel cap. 8 Dionigi poi, riportando che il re era passato per la seconda volta in Italia, dopo che gli affari nell'isola non avevano avuto l'esito sperato, coglie l'occasione per riferire brevemente circa la spedizione di Pirro in Sicilia. Il re era stato chiamato da Sosistrato, allora signore di Siracusa, e Toinone, capo della guarnigione di stanza all'Ortigia ; con le navi messe a disposizione da quella stessa città, aveva sottomesso l'intera Sicilia, tranne Lilibeo. Dopo tale impresa, assunse però comportamenti tirannici, assegnando ai suoi le magistrature e decidendo egli stesso le cause legali o affidandole ai suoi cortigiani. Per contrastare

(1) Sull'argomento cfr. Ciaceri, *Storia* ..., vol. I, *op. cit.* ; G. Giannelli, *La Magna Grecia da Pitagora a Pirro*, Milano, 1928 ; H. Berve, *Die Tyrannis bei den Griechen*, I, München, 1967 ; T. J. Dunbabin, *The Western Greeks*, Oxford, 1968[2].

il malcontento crescente contro di lui introdusse allora, con la scusa della guerra contro i Cartaginesi, guarnigioni e, fingendo di aver scoperto congiure, eliminò i personaggi più importanti, tra cui anche quel Toinone che era stato il maggior fautore della sua venuta in Sicilia. Cartagine decise allora di intervenire per sfruttare l'occasione favorevole alla riconquista dei territori perduti e inviò un esercito nell'isola.

E' opinione generale che il racconto dionisiano circa la spedizione di Pirro in Sicilia derivi da Timeo : il Lévêque (2) propone, sulla scia del von Scala (3), tale ipotesi sulla base delle coincidenze che crede di ravvisare in Diodoro (XX 7,3-8,6), Dionigi e Plutarco (XXIII 3-6) (4) ; più di recente il La Bua (5) ritiene di confermarla per due diversi motivi : 1) il disinteresse annalistico circa le vicende siciliane del re epirota escluderebbe fonti romane, 2) la costatazione che solo qui, in Dionigi, compaia un ritratto negativo di Pirro rinvierebbe alla presenza di una nuova fonte, identificabile in Timeo per l'atteggiamento sfavorevole dell'autore siceliota nei confronti di Pirro. Sia le ragioni del primo che quelle del secondo manifestano, però, a mio parere, limiti e incertezze. Innanzitutto le coincidenze che il Lévêque ravvisa non sono, come si vedrà, né chiare né talora effettive ; in secondo luogo non mi pare legittimo attribuire a Dionigi un particolare interesse per la spedizione di Pirro in Sicilia, tanto da indurlo a ricorrere a una nuova fonte da cui attingere maggiori dettagli : lo storico riferisce del secondo passaggio in Italia del re in seguito al fallimento della sua impresa nell'isola e a spiegazione di quanto affermato introduce brevi notizie circa la spedizione ; egli sintetizza in poche battute, a differenza sia di Diodoro che di Plutarco, la conquista militare dell'isola, mentre si sofferma, come si vedrà meglio in seguito, sull'opera di governo condotta da Pirro in Sicilia. Sia l'occasione da cui muove il racconto

(2) Cfr. Lévêque, *Pyrrhos* ..., 451-452.

(3) Cfr. von Scala, *Der Pyrrhische* ..., 69, secondo il quale Timeo giunge anche a Plutarco per mediazione di Dionigi.

(4) Egli (*Pyrrhos* ..., 451) tuttavia pensa a un uso solo parziale di Timeo in Diodoro ; inoltre ravvisa in Plut., *Pyrrh.* XXII 4-XXIII 2, in cui si narra della presa di Erice e dell'azione contro i Mamertini, la presenza di Prosseno. Analogamente il La Bua, *Filino-Polibio, Sileno-Diodoro,* Palermo, 1966, 221-222, che attribuisce allo stesso Prosseno, per mediazione di Filino, anche Diod. XXI 21, 9-XXII 1, 1 (*Filino* ..., 213-221).

(5) Cfr. La Bua, *Filino* ..., 222 ; Id., *Prosseno* ..., 57 ; Id., *La spedizione di Pirro in Sicilia, VII Misc. Gr. Rom.*, Roma, 1980, 179-254 ; Id., *Due note su Timeo, IX Misc. Gr. Rom.*, Roma, 1984, 89-103, 103.

sia la sua sinteticità (6) rispetto alle altre fonti mi inducono a credere, diversamente dal Lévêque e La Bua, che la narrazione non doveva essere molto più ampia. Si aggiungerà inoltre a convalidare i dubbi sulla proposta timaica la considerazione che l'atteggiamento di tale autore nei confronti di Pirro non è così certo come si è talora sostenuto (7).

In ogni caso, si diceva, Dionigi si discosta nel racconto dalle altre fonti, almeno in due punti : 1) introduce un *excursus* sulle tirannidi della Magna Grecia, 2) offre una diversa interpretazione del fallimento dell'impresa epirota in Sicilia.

L'*excursus* del cap. 7 rivela una particolare attenzione da parte della fonte dionisiana per la storia della Magna Grecia, in specie per il periodo caratterizzato dall'instaurazione di governi tirannici, anche il ricordo della tirannide di Dionigi I, più che mostrare interesse per tale personaggio o per il suo governo in Sicilia, è inserito a completamento del quadro storico brevemente delineato. Quale sia lo scopo della sintesi mi pare si possa arguire dalla conclusione del capitolo, dove si afferma che le città della Magna Grecia *ἀεὶ κακῶς δυσχεραίνοντες εὐρίπου δίκην τῇδε καὶ τῇδε πρὸς τὸ συντυχὸν ἐτράποντο* ; penso che l'autore dionisiano intenda evidenziare la situazione di instabilità e insofferenza delle città italiote nei confronti dei governi precedenti all'arrivo di Pirro e quindi chiarire le condizioni in cui il re operò in Magna Grecia.

Se via sia un legame tra l'*excursus* e la spedizione in Sicilia di Pirro potrà forse essere chiarito da Plut., *Pyrrh.* XXII 1, in cui si riporta :

(6) Su questo punto non si può, a mio parere, invocare la frammentarietà del testo, perché Dionigi dimostra fin dall'inizio (*A.R.* XX 8) che il suo interesse è rivolto non tanto allo svolgimento dell'impresa ma alle cause del suo fallimento.

(7) Cfr. LA BUA, *Prosseno* ..., 57. L'origine della *vexata quaestio* risale alla contrapposizione tra SCHUBERT, *Geschichte* ..., che ritiene Timeo ostile a Pirro per le sue ascendenze agotoclee e CIACERI, *Sulla spedizione* ..., 9, che sulla base del legame tra Pirro e Ierone II, il quale avrebbe concesso allo storico il rientro dall'esilio, ne sostiene un atteggiamento favorevole. Sul problema cfr. da ultimo R. VATTUONE, *In margine ad un problema di storiografia ellenistica : Timeo e Pirro, Historia*, XXXI, 1982, 245-248 (con bibliografia precedente) : sulla base di F 22 (= POL. XII, 25K 2) (*ὅτι τῶν δεδυναστευκότων ἐν Σικελίᾳ μετὰ Γέλωνα τὸν ἀρχαῖον πραγματικωτάτους ἄνδρας παρειλήφαμεν Ἑρμοκράτην, Τιμολέοντα, Πύρρον τὸν Ἠπειρώτην, οἷς ἥκιστ' ἂν δέοι περιάπτειν μειρακιώδεις καὶ διατριβικοὺς λόγους*) egli sostiene che Ermocrate e Gelone sarebbero per la storia antica quello che Timoleonte e Pirro potrebbero rappresentare per quella contemporanea nella riflessione storiografica di Timeo sul problema del rapporto re / *tyrannos*, in tal caso l'atteggiamento dello storico siceliota nei confronti di Pirro si presenterebbe non sfavorevole.

δεόμενοι Καρχηδονίους τε συνεκβαλεῖν καὶ τῶν τυράννων ἀπαλλάξαι τὴν νῆσον.

Il passo plutarcheo, da attribuire, per la valutazione positiva di Pirro che vi si offre, con ogni probabilità a Prosseno ([8]), mi sembra che delinei una zona di operazione in Sicilia molto affine a quella descritta dall'autore dionisiano in Magna Grecia : i Sicelioti sono oppressi da un lato dai Cartaginesi dall'altro dai tiranni, in tale condizione di instabilità chiedono con duplice scopo l'intervento di Pirro. Sulla base di tale analogia non si può escludere, a mio parere, che il passo dionisiano vada spiegato alla luce di quello plutarcheo (e viceversa) : le condizioni di instabilità della Magna Grecia hanno maturato l'intervento di Pirro, come il re epirota ha saputo intervenire in Italia, dinanzi ad un'analoga situazione ora potrà procedere in modo altrettanto felice in Sicilia ; in Dion. XX 7 ritroveremmo cioé uno degli elementi della propaganda epirota che dovette accompagnare e sostenere il passaggio del re nell'isola.

Se quanto finora proposto ha valore, due elementi caratterizzerebbero *A.R.* XX 7 : 1) una valutazione positiva di Pirro, 2) un particolare interesse per le vicende storiche, più o meno lontane nel tempo, delle zone in cui il re ha operato.

Entrambi gli elementi sembrano rinviare, a mio parere, a Prosseno ([9]) : ulteriore conferma potrebbe essere fornita proprio dall'analogia tra il passo dionisiano e Plut., *Pyrrh.* XXII 1 di matrice prosseniana ([10]). I dubbi sulla derivazione timaica del passo dionisiano sembrano quindi, in questo primo caso, avvalorati. Varrà dunque ora procedere all'esame dettagliato di XX 8 delle *Antiquitates Romanae* a conferma o rinnovata smentita dell'ipotesi timaica.

Nel passo Dionigi accenna quasi per inciso all'opera militare condotta con successo da Pirro, mentre si sofferma in modo più ampio sulle cause del fallimento della spedizione, che egli ravvisa essenzialmente

(8) Così anche il La Bua, *Filino* ..., 221.

(9) Per il secondo elemento e la sua presenza in Prosseno cfr. *supra* p. 57.

(10) Si aggiunga infine che M. Sordi, *Dionigi I e gli Italioti, Aevum*, 1978, 1-16, 13 nota alcune divergenze tra la fonte dionisiana e i passi di derivazione timaica presenti nel racconto diodoreo (XIV 40 sqq.) sulla conquista da parte di Dionigi della Magna Grecia. La Sordi (p. 12 n. 24) pensa che l'autore dionisiano sia anteriore ad Agatocle e Timeo, poiché non inserisce nell'*excursus* la tirannide di Agatocle : ma se la fonte, come qui si tenta di dimostrare, è Prosseno, egli non avrebbe, io credo, rappresentato il potere agatocleo come tirannico, poiché all'azione politica del predecessore si richiamava probabilmente (cfr. *infra* p. 68), a giustificazione della propria, lo stesso Pirro.

negli atteggiamenti tirannici ostentati dal re e, a dimostrazione del suo assunto, fornisce alcuni esempi. Il primo appare particolarmente interessante : *τάς τε γὰρ οὐσίας τῶν Ἀγαθοκλέους οἰκείων ἢ φίλων ἀφαιρούμενος τοὺς παρ' ἐκείνου λαβόντας τοῖς ἑαυτοῦ φίλοις ἐχαρίσατο.*

Varrà innanzitutto notare che dal passo è assente qualsiasi giudizio negativo sulla figura di Agatocle, mentre è con evidenza deplorato quale ingiusto e arrogante il comportamento di Pirro nei confronti di amici e parenti dell'imerese. La circostanza risulterebbe affatto strana, qualora fonte del passo fosse Timeo, riconosciuto nemico di Agatocle. A questa prima considerazione se ne può aggiungere, a mio parere, una seconda che emerge dal confronto tra Dionigi e Plutarco. In Dionigi mancano alcuni precisi riferimenti a tendenze e atteggiamenti delle città isolane nei confronti della politica epirota presenti in Plutarco (*Pyrrh.* XXIII 4-5), che sembrano propri di una fonte siceliota, quale appunto Timeo (11).

Si aggiungerà infine che se il giudizio espresso in *A.R.* XX 8 su Pirro è certamente negativo, tuttavia non si può concordare con il La Bua nel ritenerlo isolato nel racconto dionisiano : varrà ricordare che già a XIX 8-10 si è ravvisato un ritratto non positivo del re epirota (12) e, come si vedrà tra breve, in forma non dissimile da quello qui proposto.

I tre rilievi, per quanto non risolutivi, ritengo tuttavia che possano ragionevolmente escludere anche in questo caso la dipendenza di Dionigi dallo storico siceliota.

A quale fonte si dovrà dunque attribuire il passo ?

Elementi utili sono offerti nuovamente dal primo esempio proposto da Dionigi, ove, lo ricordo, sono presentate le appropriazioni operate da Pirro ai danni di familiari e amici di Agatocle.

(11) Cfr. Plut, XXIII 4 : *Οὐ μὴν ἀλλὰ ταῦτα μὲν ὡς ἀναγκαῖα συνεχώρουν, καίπερ δυσφοροῦντες* e Plut. XXIII 5 : ... *ἀλλὰ δεινοῦ τινος μίσους ἐγγενομένου ταῖς πόλεσι πρὸς αὐτὸν αἱ μὲν προσετίθεντο Καρχηδονίοις, αἱ δὲ ἐπήγοντο Μαμερτίνους.* Non intendo tuttavia sostenere qui l'esclusiva dipendenza di Plutarco da Timeo, per quanto i passi sopra riportati e la conclusione del capitolo (XXIII 6 : *λέγεται δ'ἀπαλλαττόμενος ἤδη πρὸς τὴν νῆσον ἀπιδὼν εἰπεῖν — scil. Pirro — τοῖς περὶ αὐτόν· «Οἵαν ἀπολείπομεν, ὦ φίλοι, Καρχηδονίοις καὶ Ῥωμαίοις παλαίστραν.» καὶ τοῦτο μέν, ὥσπερ εἰκάσθην, μετ'οὐ πολὺν χρόνον ἐγένετο*) mi sembrano rinviare allo storico di Tauromenio, né peraltro ritengo opportuno discutere in questa sede il problema molto complesso della posizione di Timeo nei confronti di Pirro (su cui vd. *supra* p. 65 n. 7). Ritengono in ogni caso Plut. XXIII 3 sqq. dipendente da Timeo sia Lévêque, *Pyrrhos* ..., 451 sia La Bua, *Filino* ..., 222 ; Id., *La spedizione* ..., 190 ; Id., *Due note* ..., 103, che ne sostengono entrambi la coincidenza con Dion. XX 8.

(12) Cfr. *supra* pp. 33-34.

E' probabile che la propaganda epirota sia ricorsa ai legami familiari tra Pirro e lo stesso Agatocle per offrire ulteriore giustificazione alla spedizione del re in Sicilia. In Iust. XXIII 3, 3, in un passo di derivazione prosseniana ([13]) (quindi ben informato sui motivi sostenuti e diffusi dallo stesso Pirro), si avvalora infatti la legittimità (di Pirro e dei suoi successori) al regno sulla Sicilia proprio sulla base di tale parentela ([14]). In questo caso l'affermazione di *A.R.* XX 8 dimostrerebbe non solo che l'autore dionisiano è a conoscenza dei motivi sostenuti dall'*entourage* epirotico circa l'impresa isolana, ma desidera mostrarne la falsità, nonché, ribaltati, presentarli quali motivi di accusa nei confronti dello stesso Pirro ([15]). Si è rilevato inoltre come l'autore dionisiano attribuisca il fallimento della spedizione siciliana all'arroganza e agli atteggiamenti tirannici del re, dei quali non si offre, diversamente che in Plutarco ([16]), alcuna giustificazione, ma che appaiono caratteri peculiari del re e all'origine della sua incapacità politica di costruire un potere saldo e della sua inavvedutezza nel cogliere le possibili reazioni delle città siceliote. Non sfuggirà la congruenza tra tale giudizio e quello proposto, come già ricordato, in *A.R.* XIX 9-10, avvalorata dalla presenza, se non si vorrà ritenere casuale, del medesimo termine, *αὐθάδεια*, in riferimento all'atteggiamento del re epirota ([17]). La coin-

(13) Concordo in questo caso contro l'idea di VATTUONE, *In margine* ..., 247 n. 12, con l'ipotesi del LÉVÊQUE, *Pyrrhos* ..., 451-452 e del LA BUA, *Pirro in Pompeo Trogo* ..., 192 sgg.

(14) IUST. XXIII 3, 3 : *Quarum rerum felicitate laetus Heleno filio Siciliae uelut auitum (nam ex filia Agathoclis regis erat) ; Alexandro autem Italiae regnum destinat* (sullo scambio tra Alessandro ed Eleno nel passo cfr. da ultimo CABANES, *L'Épire* ..., 40 e 75). Varrà notare che in APP., *Samn.* XI 1, con chiara confusione con la notizia della morte del Cerauno, si dice : *Ἀγαθοκλῆς τε, ἄρχων Σικελίας, ἄρτι ἐτεθνήκει, οὗ θυγατέρα Λάνασσαν ἔχων ὁ Πύρρος ἐν ταῖς γυναιξί, τὴν νῆσον οἰκείαν ἀντὶ τῆς Ἰταλίας περιεβλέπετο*. Il fraintendimento diventa comprensibile alla luce del fatto che in occasione della spedizione in Sicilia vennero ricordati e pubblicizzati i legami di parentela con Agatocle.

(15) L'accusa peraltro risulta ancora più grave se letta in relazione proprio ai rapporti esistenti tra Pirro e Agatocle in epoca precedente, perché tende a sottolineare il disprezzo da parte del re dei legami di amicizia e parentela.

(16) In PLUT., *Pyrrh.* XXIII 3 il mutamento di Pirro è dovuto alle nuove mire in politica estera e alle sue urgenti necessità di uomini e mezzi.

(17) Cfr. DION. XIX 10 : *πρὸς ταῦτα ὁ Ῥωμαίων ὕπατος ἀντιγράφει τήν τε αὐθάδειαν τοῦ ἀνδρὸς ἐπιρραπίζων καὶ τὸ φρόνημα τῆς Ῥωμαίων πόλεως ἐνδεικνύμενος·* ; DION. XX 8 : *εἰσαχθεὶς γὰρ εἰς Συρακούσας ὑπό τε Σωσιστράτου τοῦ κρατοῦντος τῆς πόλεως τότε καὶ Θοίνωνος τοῦ φρουράρχου ... εἰς αὐθάδειαν τυραννικὴν ἐτρέπετο*. Preciso tuttavia che il termine *αὐθάδεια* compare in altri luoghi delle *Antiquitates* : cfr. ad es. IX 17 ; XI 4, 6 e XVII-XVIII 2, 3 ; 4, 3 ; 4, 4.

cidenza permette, a mio parere, di ipotizzare la dipendenza del passo da quello stesso Ieronimo di Cardia, che, contemporaneo di Pirro, giunge insieme con Prosseno a Dionigi attraverso Acilio e che tende a rappresentare il re come arrogante e di conseguenza imprevidente e incapace di valutare in modo adeguato gli eventi ([18]).

Chi, d'altra parte, poteva conoscere i motivi della propaganda epirota a sostegno dell'impresa siciliana di Pirro meglio di Ieronimo, che ebbe tra le sue fonti proprio gli *hypomnemata* reali ove di certo tali motivi dovevano essere ampiamente riportati ? Né mi pare legittimo escludere che Ieronimo parlasse, se pur brevemente della spedizione, sempre in considerazione del fatto che la sua fonte principale, i diari di Pirro, narrava sicuramente dell'impresa. Si potrebbe anzi, seppur con cautela, ipotizzare che per lo storico di Cardia il fallimento dell'impresa in Sicilia rappresenti un momento grave e risolutore dell'intera spedizione occidentale di Pirro. La sua insistenza sull'incapacità del re a governare l'isola, di contro alla brevità con cui egli accenna alla conquista, dimostra come il suo interesse converga esclusivamente verso le ragioni dell'insuccesso regale : esso così fortemente ribadito sembra valicare i limiti di una polemica generica e già rilevata in Ieronimo e rappresentare invece il vero momento di svolta dell'impresa occidentale di Pirro. In tal caso l'interpretazione ieronimiana si distinguerebbe chiaramente da quella del contemporaneo Prosseno, che adduce, a motivo del fallimento della spedizione, il sacrilegio commesso dal re ai danni del tempio di Persefone, causa della successiva punizione divina.

A Dionigi giungerebbero quindi, con ogni probabilità per mediazione di Acilio, da un lato gli antefatti della spedizione riportati da Prosseno, dall'altro i motivi del suo fallimento sostenuti da Ieronimo : il ricorso allo storico cardiano potrebbe essere motivato anche dall'assenza di sufficienti giustificazioni dell'insuccesso di Pirro in Prosseno ([19]), che tende, come si è detto, ad interpretare l'impresa occidentale del re esclusivamente alla luce del suo atto sacrilego.

(18) Sull'influenza di Ieronimo in tale raffigurazione cfr. anche *infra* pp. 92-93.

(19) Esse si leggono forse in Iust. XXIII 3, 8-10 (unica versione della partenza non sfavorevole al re) : *In hoc aestu periculorum tutissimus portus consiliorum uisus est omnibus uiribus decernere in Sicilia et profligatis Karthaginiensibus uictorem exercitum transponere in Italiam. Itaque conserto proelio cum superior fuisset, quoniam tamen a Sicilia abiret pro uicto fugere uisus est ; ac propterea socii ab eo defecerunt et imperium Siciliae tam cito amisit, quam facile quaesierat.*

Dionigi XX 9-10 : il saccheggio del tempio di Locri

Il racconto delle *Antiquitates* prosegue con l'episodio del saccheggio del tempio di Persefone a Locri compiuto da Pirro durante il ritorno a Taranto, che prelude all'ultimo atto della spedizione occidentale del re, lo scontro di Benevento. Lo storico narra che Pirro, in imbarazzi finanziari, su consiglio di Evagora, Balacro e Dinarco, *τῶν ἀθέων καὶ ἐξαγίστων δογμάτων ζηλωταί*, fece asportare i tesori sacri e i doni votivi custoditi nel santuario di Persefone e li imbarcò su navi dirette a Taranto. Ma la giustizia divina giunse immediata a punire l'atto sacrilego : un forte vento contrario affondò parte delle navi, parte sospinse nello stretto di Messina e rigettò le altre sulle coste di Locri. Pirro spaventato ordinò che fosse restituito alla dea, nel tentativo di placare la sua ira, quanto venne recuperato sul litorale (XX 9). Ma proprio il sacrilegio determinò la sconfitta del re nella successiva battaglia, secondo lo storico Prosseno e gli stessi *Commentari* di Pirro : infatti non si può addurre altro motivo della disfatta, visto che le forze epirote erano triple rispetto a quelle romane e ben preparate e il loro comandante era il più valente della sua epoca (XX 10).

Il racconto dionisiano ([1]) si affianca a quello riportato da altre fonti ([2]), da cui si distingue per diversi motivi : 1) l'ampiezza e la precisione nei dettagli ; 2) la giustificazione concessa all'operato del

(1) Circa la sua autenticità le opinioni degli studiosi sono divise : lo Schubert, *Geschichte* ..., 219 e il De Sanctis, *Storia* ..., 392, sulla base della presenza di un analogo racconto in relazione ad Agatocle, la cui coerenza interna sembra più salda di quello su Pirro, rifiutano ogni veridicità all'episodio del naufragio, che ritengono inventato sulla falsariga del precedente ; il Lévêque, *Pyrrhos* ..., 500, considera invece le citazioni di Prosseno e delle *Memorie* reali «deux excellentes garanties» in senso opposto, benché pensi che «tout n'est sans doute pas originel dans les récits qui en sont parvenus jusqu'à nous, notamment le sauvetage miraculeux du trésor».

(2) Cfr. Diod. XXVII 4, 3 ; Val. Max. I 1, *Ext.* 1 ; App., *Samn.* XII 5-6 ; Dio X 40, 48 ; *De uir. illustr.* XXXV 9.

re ([3]) ; 3) il giudizio negativo su alcuni membri della corte epirota ([4]) ; 4) la connessione causale posta tra atto sacrilego e sconfitta presso Benevento ([5]). Gli elementi convergono a individuare la fonte di entrambi i passi in un conoscitore dell'*entourage* epirota, sostenitore convinto di Pirro, che può essere indicato, con il La Bua ([6]), nello storico Prosseno ([7]). Peraltro è lo stesso Dionigi a menzionare a XX 10 l'autore epirota, e sulla sua base i *Commentari* del re, avvalorando l'ipotesi ([8]). Quanto alla via attraverso cui Prosseno giunge allo storico d'Alicarnasso, rifiutando ovviamente l'ipotesi di mediazione timaica ([9]), si riterrà anche qui invece, per analogia con precedenti passi delle *Antiquitates Romanae*, di poter sostenere la mediazione operata dall'annalistica, in particolare da Acilio.

Al di là di tale questione specifica, mi sembra più importante sottolineare il fatto che qui ci viene conservato con sicurezza un frammento dell'opera prosseniana e che viene chiarito il favore da essa riservato al re epirota : varrà allora dirigere l'attenzione proprio su questo punto, poiché dalla lettura di Dion. XX 10 si evidenziano alcuni interessanti elementi. Innanzitutto un profondo senso religioso sembra

(3) Cfr. Dion. XX 9, 1 *Ὅτι ἀμηχανοῦντα τὸν Πύρρον καὶ πόρους παντοδαποὺς ἐπιζητοῦντα ὁρῶντες [αὐτὸν] οἱ κάκιστοι καὶ ἀνοσιώτατοι τῶν φίλων, Εὐήγορος Θεοδώρου καὶ Βάλακρος Νικάνδρου καὶ Δείναρχος Νικίου, τῶν ἀθέων καὶ ἐξαγίστων δογμάτων ζηλωταί, πόρον ὑποτίθενται χρημάτων ἀνοσίων, τοὺς ἱεροὺς ἀνοῖξαι τῆς Περσεφόνης θησαυρούς*. Dion. XX 9, 2 : *ὑπὸ τούτων ἐξαπατηθεὶς τῶν κολάκων καὶ <διὰ> τὴν ἀνάγκην κρείττονα παντός, <τοῖς> εἰσηγησαμένοις τὴν γνώμην ἀνδράσι διακόνοις τῆς ἱεροσυλίας ἐχρήσατο ...*

(4) Cfr. *supra* n. 3.

(5) Cfr. Dion. XX 9,3 - 10,1 : *ἀλλ' ἐπειδὴ τῶν ἱερῶν ἐτόλμησεν ἅψασθαι χρημάτων καὶ πόρον ὑποθέσθαι πολέμων, ἀνόνητον ἐποίησε τὴν ἔννοιαν αὐτοῦ τὸ δαιμόνιον, ἵνα παράδειγμα καὶ παίδευμα πᾶσιν ἀνθρώποις γένοιτο τοῖς μεθ' ἑαυτόν. Διὰ τοῦτο καὶ ὑπὸ Ῥωμαίων ἡττήθη ὁ Πύρρος κατὰ κράτος.*

(6) Cfr. La Bua, *Prosseno* ..., 16-17 e 58.

(7) E' invece, a mio parere, del tutto da respingere la convinzione del Lévêque, *Pyrrhos* ..., 56 che fonte di *A.R.* XX 9 sia Timeo ; l'ipotesi trova ovviamente origine nel presupposto che Dionigi sia ricorso allo storico di Tauromenio per narrare della spedizione in Sicilia : come si è dimostrata incerta tale asserzione, tanto più ora si riterrà ingiustificata la derivazione timaica.

(8) Cfr. dion. XX 10, 2 ... *οὐδὲ τόπου φύσις ἄνισος οὔτ' ἐπικουρίας τοῖς ἑτέροις ἄφιξις αἰφνίδιος οὔτ' ἄλλη τις συμφορὰ καὶ πρόφασις ἀπροσδόκητος ἐπιπεσοῦσα συνέτριψε τὰ Πύρρου πράγματα, ἀλλ' ὁ τῆς ἀσεβηθείσης θεᾶς χολός, ὃν οὐδ'αὐτὸς ἠγνόει Πύρρος, ὡς Πρόξενος ὁ συγγραφεὺς ἱστορεῖ καὶ αὐτὸς ὁ Πύρρος ἐν τοῖς ἰδίοις ὑπομνήμασι γράφει.*

Ricordo che l'ultima frase è un'espressione usuale in greco per indicare che la citazione di Pirro è contenuta nello stesso Prosseno : cfr. sull'argomento Lévêque, *Pyrrhos* ..., 22 e La Bua, *Prosseno* ..., 24.

(9) Cfr. Schubert, *Geschichte* ..., 47.

pervadere il racconto ; da esso deriva una grande fiducia e timore nella giustizia divina e assume consistenza la giustificazione della sconfitta subita da Pirro : il sacrilegio compiuto dal re ha suscitato l'ira degli dei, che nella loro vendetta lo hanno punito con la sconfitta militare. Alla luce di tale sentimento e timore religioso Prosseno non solo interpreta la vicenda di Pirro, ma elabora anche i suoi giudizi, ad es. su alcuni membri della corte epirota che egli accusa di seguire dottrine empie. I contrasti all'interno dell'*entourage* reale avranno con ogni probabilità contribuito a minare la compagine epirota, tuttavia essi non saranno stati solo di ordine religioso o morale, così come Prosseno li presenta, allo scopo di evidenziare, in contrapposizione, l'integrità di vita del re. Tali elementi, di sicura matrice prosseniana, si rintracciano in altri passi dell'opera dionisiana : a XX 3 si è già notato un rispetto reverenziale per l'intervento punitivo degli dei che previene e completa la giustizia umana (punizione di Decio) ; a XX 6 si è sottolineato come l'elogio dei Romani sia essenzialmente di carattere morale e religioso ; infine a XX 8, in forma accennata (e quindi a XX 12, in forma più ampia) si evidenziano le colpe di alcuni membri della corte epirota sempre secondo canoni esclusivamente morali. L'affinità contenutistica dei passi citati induce a credere che essi derivino dallo stesso Prosseno o almeno dall'autore intermedio Acilio, che tuttavia avrebbe fatto suoi alcuni dei motivi principali dello storico epirota ([10]). In ogni caso, che si creda alla dipendenza diretta o indiretta di tali passi da Prosseno, la riproposizione di temi analoghi in passi e contesti diversi induce a ritenere che essi fossero propri di gran parte dell'opera prosseniana, in particolare ne caratterizzerebbero il racconto dagli eventi immediatamente successivi alla battaglia di Ascoli. Da quel momento sembra che l'interesse di Prosseno converga essenzialmente verso la ricerca delle cause del fallimento del re e insieme verso un'interpretazione della sua avventura occidentale. In tal caso anche gli *Ἠπειρωτικὰ* come i *Commentari* di Pirro, secondo quanto sostiene per questi ultimi il La

(10) Non mi pare invece ispirato da Prosseno-Acilio, benché vi si alluda alla divinità e al suo intervento nelle cose umane, il passo di *A.R.* XX 3, 1 (*ἐν οἷς δὲ ταῦτα ἐγίνετο χρόνοις, παρὰ τοῦ δαιμονίου βοήθεια τοῖς Ῥωμαίοις ἔκδηλος γίνεται*), che introduce l'episodio dei Dauni durante la battaglia d'Ascoli (attribuito alla seconda fonte dionisiana : cfr. *supra* pp. 48-52) : nel passo è del tutto assente l'idea di moralità-*pietas* che caratterizza invece quelli qui in esame ; non si può peraltro escludere che esso, quale asserto di raccordo, appartenga al medesimo Dionigi, il quale accoglie anche in altri luoghi delle *Antiquitates* l'idea dell'intervento nella storia umana della divinità (cfr. GABBA, *La costituzione* ..., 192).

Bua [11], sarebbero stati scritti col pensiero rivolto ai posteri a giustificazione ed elogio del re e soprattutto a tale fine i primi si avvicinerebbero sempre più ai secondi. Parallelamente si distinguerebbero, come si è già notato, in modo netto dall'opera ieronimiana proprio sull'interpretazione della spedizione occidentale e del suo fallimento. Per Prosseno cause morali sono alla base, per Ieronimo essenzialmente cause politiche e strategiche, che chiare fin dall'inizio dell'impresa, si evidenziano soprattutto dal crollo del potere di Pirro in Sicilia [12]. Mentre Prosseno si inserirebbe dunque nella storiografia morale che tanta parte riveste nel III sec. a.C., Ieronimo intenderebbe richiamarsi alla storiografia politico-militare, che aveva in Tucidide il suo archetipo [13].

(11) Cfr. La Bua, *Prosseno* ..., 25.
(12) Cfr. *supra* pp. 68-69 e *infra* pp. 74-76.
(13) Sulla concezione e la pratica storiografica di Ieronimo cfr. Hornblower, *Hieronymus* ..., 107-153.

Dionigi XX 11-12 :
la battaglia di Benevento

Il resoconto dionisiano, pervenuto in forma largamente lacunosa, si apre con la marcia affrontata dalle truppe epirote al fine di conquistare il campo nemico di sorpresa. Essa è presentata come lunga e faticosa : l'armamento degli opliti era infatti inadatto al terreno montuoso, inframmezzato di boscaglie e attraversato da sentieri impraticabili, così che l'esercito fu fiaccato dalla stanchezza e dalla sete ancor prima del combattimento. Dionigi accenna quindi ai soldati romani chiamati *principes* che combattono da vicino impugnando con entrambe le mani lance da cavalieri e spesso risollevando le sorti in battaglia (*A.R.* XX 11).

Narra poi della notte precedente l'attacco : Pirro, in seguito ad un sogno che interpretava, secondo l'esperienza precedente, come nunzio di sventure (gli era parso di perdere molti denti e molto sangue), desiderava rinviare la battaglia, ma contro il suo parere gli amici lo esortarono a non perdere l'occasione propizia e a sferrare l'assalto contro il campo nemico ; i Romani però scoprirono in tempo il movimento dell'esercito di Pirro verso la collina e prevalsero facendo strage dei soldati e catturando otto elefanti.

Si tratta dunque dell'ultimo e definitivo scontro tra i Romani e Pirro ([1]), nonché dell'ultimo luogo, nella superstite narrazione dello storico d'Alicarnasso, in cui compaia il re.

La battaglia si verificò nel 275 a.C. ([2]), in prossimità di Benevento ([3]) ;

(1) Le altre fonti sull'avvenimento sono : Liv., *Per.* XIX ; Frontin., *Strat.* II 2, 1 ; Plut., *Pyrrh.* XXV ; Flor. I 13, 11 ; Eutr. II 14, 3 ; Oros, IV 2, 3 sq. ; Zon. VIII 6, 6 ; Sync., *Chronogr.* p. 514, 217a.

(2) All'estate del 275 a.C. pensano Beloch, *Griechische Geschichte*, IV 1, 557 n. 1 ; Hamburger, *Untersuchungen* ..., 95 ; Lévêque, *Pyrrhos* ..., 527 ; Nederlof, *Pyrrhus* ..., 210 ; contra W. Tarn, *Antigonos Gonatas*, London, 1969[2], 260 n. 7, che propende per il tardo autunno del 275 a.C.

(3) Così tra gli altri Hamburger, *Untersuchungen* ..., 40 n. 3 ; Forni, *Manio Curio* ..., 214-222 ; Lévêque, *Pyrrhos* ..., 517-520 ; De Sanctis, *Storia* ..., 394, n. 73 ;

alla guida delle truppe romane vi era Manio Curio, come attestano i fasti trionfali (4).

Il racconto dionisiano si apre in netta contraddizione con quanto affermato immediatamente prima a XX 10, ove Dionigi in dipendenza da (Acilio-) Prosseno dichiarava che solo la punizione divina aveva potuto sconfiggere Pirro ; egli aveva infatti un esercito valente e numeroso ed era il miglior comandante della sua epoca. Ora invece a XX 11 sottolinea come fosse naturale che gli opliti, per la lunga marcia sotto pesanti armature attraverso sentieri impraticabili, procedessero senza ordine e si presentassero ormai fiaccati al nemico. L'opposizione tra i due passi è rafforzata dalla considerazione che mentre a XX 10 si esclude dichiaratamente che la natura del terreno abbia potuto causare o contribuire alla sconfitta del re, a XX 11 essa è certamente uno, se non il più consistente, dei motivi del fallimento del piano epirota. E' chiaro peraltro come nel secondo passo sia criticata di fatto la tattica di Pirro, giacché la precisazione *ὅπερ εἰκός* smentisce categoricamente ogni attribuzione al divino della sconfitta del re. L'atteggiamento così delineato richiama da vicino quello di Ieronimo di Cardia, la cui interpretazione della disfatta di Pirro viene posta a confronto con quella prosseniana, non è chiaro se per smentirla o meno, certo per ridimensionarla (5). Il racconto continua a XX 12 con il ricordo della notte precedente l'attacco e il successivo scontro tra Romani ed Epiroti. Esso presenta tuttavia qui significative differenze e contraddizioni rispetto ad *A.R.* XX 11. Innanzitutto, mentre a XX 11 si parla di una marcia di almeno un'intera giornata, se non di più giorni, lungo un itinerario caratterizzato dalla presenza di diversi rilievi montuosi, a XX 12 si riferisce di una sola notte di cammino per superare la collina posta tra i due accampamenti. In secondo luogo, a XX 11 l'ampio accenno ai *principes* induce a ritenere che lì venissero offerti ragguagli circa l'ultimo combattimento tra Romani e truppe reali, tuttavia nel frammento successivo l'autore dionisiano, provocando un'inversione cronologica all'interno del racconto, riprende a narrare della notte precedente lo scontro.

NEDERLOF, *Pyrrhus ...*, 210-216 ; contra BELOCH, *Griechische Geschichte*, IV 2, 475 e *Römische Geschichte*, 467-468 che pensa secondo la tradizione liviana ai Campi Arusini e WUILLEUMIER, *Tarente ...*, 134-135, «qui admet deux combats, livrés l'un en Lucanie aux champs Arusiniens, l'autre dans le Samnium à Bénévent».

(4) Cfr. DEGRASSI, *Inscr. Italiae*, XIII 1 (1947), 546.

(5) In modo simile avviene, peraltro, anche nel racconto della spedizione in Sicilia : cfr. *supra* pp. 64-69.

Ma più evidente contraddizione risiede nell'*animus* dei due frammenti. Si è detto infatti come a XX 11 si critichi la strategia di Pirro e si attribuisca solo al re la responsabilità della sconfitta ; ispira invece il successivo passo la chiara volontà non solo di sollevare l'Epirota da ogni addebito, ma di riversare colpe e cause della disfatta da un lato sul destino invincibile, dall'altro sugli incauti amici del re, offrendo rispetto a XX 11 un punto di osservazione e un giudizio del tutto opposti.

Evidenti appaiono invece le coincidenze tra *A.R.* XX 12 e *A.R.* XX 10 : in entrambi Pirro è indotto in errore dai maligni consigli degli amici ed è il volere divino, ovvero il destino, a determinare la sconfitta epirota ; si potrà dunque attribuire anche XX 12 alla medesima fonte di XX 10, cioé allo storico epirota Prosseno (6).

I rilievi proposti permettono di affermare con sufficiente sicurezza che il testo dionisiano si compone di due racconti diversi e per taluni aspetti antitetici, l'uno di matrice prosseniana, l'altro ieronimiana (7), che ci appaiono, forse anche per la frammentarietà della narrazione, susseguirsi senza soluzione di continuità (8).

L'insistenza, nell'ultima parte, sul combattimento contro gli elefanti, tema tipicamente annalistico, potrebbe infine ancora una volta far pensare alla mediazione di Acilio, che riporterebbe, sembrerebbe senza conciliarle, le due versioni ; tuttavia i tagli operati da Dionigi stesso e la frammentarietà del suo testo non ci permettono di affermare con sicurezza se l'annalista prediliga o meno una delle due fonti.

(6) Per *A.R.* XX 10 cfr. *supra* pp. 70-73.

(7) Il Lévêque, *Pyrrhos* ..., 522 sostiene invece «la contamination d'une source romaine avec Hiéronymus», mentre il La Bua, *Prosseno* ..., 58, non ravvisando alcuna contraddizione nel testo dionisiano, pensa al solo Prosseno (forse giunto a Dionigi tramite Acilio).

(8) Sulla diversa impostazione delle due fonti cfr. *supra* p. 73 e *infra* p. 93.

Dionigi XX 13-15 e 17: la censura di C. Fabrizio — l'ambasceria romana presso Tolemeo — la sottomissione del Bruzio — la rivolta nel Sannio

Dionigi presenta qui una rassegna degli eventi verificatisi negli anni immediatamente successivi alla partenza di Pirro. Egli narra che C. Fabrizio, divenuto censore, espulse dal senato P. Cornelio Rufino, che pure aveva rivestito due volte il consolato e una volta la dittatura, perché, primo fra i Romani, aveva sfoggiato vasellame d'argento. Paragona poi i costumi greci con quelli romani : mentre gli Ateniesi e gli Spartani non intervenivano nella vita privata del cittadino e punivano soltanto, i primi, l'oziosità e, i secondi, i disordini in pubblico, i Romani invece, osserva Dionigi, estendevano l'autorità del censore fino ai rapporti tra coniugi, tra padroni e schiavi e tra figli e genitori. Non tolleravano inoltre banchetti che si protraessero per l'intera notte, né che i costumi dei giovani fossero corrotti e il culto degli antenati trascurato. Egli racconta poi a XX 14 che Num. Fabio Pittore, Q. Fabio Massimo e Q. Ogulnio, inviati come ambasciatori presso Tolemeo Filadelfo, ricevettero da lui donativi che non appena tornati a Roma versarono nell'erario. Il senato ordinò tuttavia che i doni venissero portati dai legati nelle proprie dimore quale riconoscimento pubblico del loro virtuoso comportamento. A XX 15 lo storico riferisce quindi degli ultimi eventi legati alla spedizione epirota in Italia e narra che i Bruzi si sottomisero spontaneamente ai Romani e cedettero loro metà della Sila, ricchissima di alberi utili all'edilizia, ai cantieri navali e a ogni altro genere di costruzioni.

Dopo aver parlato dell'intervento di C. Genucio contro la guarnigione campana di Regio, Dionigi infine, a XX 17, accenna alla rivolta nata nel Sannio, dove un *ἄπορον πλῆθος*, ritiratosi dapprima sui monti, occupò poi una città che usava come base per incursioni nel territorio circostante ; i consoli espugnarono la città, giustiziarono i capi della ribellione e vendettero come schiavi gli altri ; già l'anno prima il territorio della stessa città era stato venduto e il denaro ricavato distribuito ai soldati.

Argomenti eterogenei concludono, come si può notare, il racconto della spedizione epirota in Italia, elencati quasi in scansione annalistica : il primo avvenimento è infatti del 275 a.C., il secondo del 273 a.C., pressoché contemporaneo il successivo, il quarto del 270 a.C. e infine l'ultimo dell'anno seguente ([1]). Partito Pirro dall'Italia, la storia sembra perdere il suo carattere unitario per cedere spazio a notizie di natura diversa.

Significativo mi pare tuttavia che la narrazione si concluda con episodi in cui si sottolinea il valore dei Romani e delle loro istituzioni. Il primo esempio è dato da XX 13 ove l'elogio di Fabrizio, che paradigmaticamente sancisce la sconfitta di Pirro, si fonde insieme con quello della censura e della morigeratezza degli antichi costumi romani. Ritornano temi e immagini di XIX 13-18 : da un lato l'esaltazione di Fabrizio quale simbolo della onesta e virtuosa povertà, dall'altro della censura rappresentata come la magistratura più autorevole e più autenticamente romana con diritto di intervento nella vita di ciascun cittadino ([2]). Per quanto l'episodio sia ampiamente diffuso nella storiografia antica ([3]), la perfetta consonanza di temi tra i due luoghi dionisiani mi induce a credere che anche in XX 13 vi sia traccia del medesimo autore del passo precedente, un annalista di età cesariana, la cui presenza è emersa anche in altri luoghi dei ll. XIX e XX delle *Antiquitates* ([4]). Analogamente si dirà, a mio parere, per XX 14 in

(1) Su di essi cfr. BROUGHTON, *The magistrates* ..., I, 195-199.

(2) Cfr. *A.R.* XIX 16, 5 (discorso di Fabrizio a Pirro) : *φέρε, ἐὰν δὴ μανεὶς δέξωμαι χρυσόν, ὃν δίδως μοι, καὶ τοῦθ' ἅπασι Ῥωμαίοις γένηται φανερόν, ἔπειθ'οἱ τὴν ἀνυπεύθυνον ἔχοντες ἀρχήν, οὓς ἡμεῖς τιμητὰς καλοῦμεν, οἷς ἀποδέδοται τοὺς ἁπάντων Ῥωμαίων ἐξετάζειν βίους καὶ τοὺς ἐκβαίνοντας ἐκ τῶν πατρίων ἐθῶν ζημιοῦν* ... e XIX 17, 3 (immaginario discorso dei censori a Fabrizio) : ... *ἆρ' οὐ δι' ἐκεῖνα τῆς μεγάλης ἄξιος εἶ ζημίας, ὅτι διαφθείρεις μὲν τοὺς νέους πλούτου καὶ τρυφῆς καὶ πολυτελείας βασιλικῆς ζῆλον εἰς τοὺς βίους εἰσάγων, οἷς πολλῆς δεῖ σωφροσύνης, εἰ μέλλει σωθήσεσθαι τὰ κοινά·* (e ancora XIX 17, 4 e XIX 18, 4).

(3) Cfr. LIV., *Per.* XIV ; DION. XX 13 ; VAL. MAX. II 9, 4 ; PLIN. XVIII 6, 39 ; XXXIII 11, 142 ; 12, 153 ; PLUT., *Sull.* 1 ; FLOR. I 13, 22 ; GELL. IV 8 ; XVII 21, 39 ; DIO fr. 35 M. ; TERT., *Apol.* 6 ; AUG., *Ciu. Dei* V 18 ; AMPEL. XVIII 9 ; ZON. VIII 6 ; *Schol. Iuu.* IX 142.

(4) Preciso tuttavia che a Dionigi si dovrà forse attribuire il paragone con il mondo greco (*A.R.* XX 13, 2).

cui si sottolinea l'onestà degli ambasciatori inviati presso Tolemeo Filadelfo, che in modo analogo a Fabrizio (XIX 18) rifiutano per sé i donativi del re, accettandoli solo dopo che il senato ha ordinato *εἰς τοὺς ἑαυτῶν οἴκους ἀπενέγκασθαι τιμὰς ἀρετῆς καὶ κόσμους ἐκγόνοις* (5).

Quanto all'ultimo frammento sopravvissuto (XX 17), infine, si dovrà notare come in esso compaia un atteggiamento analogo a quello rilevato in XIX 5. Si è posto in evidenza come il racconto di tale passo sia caratterizzato da un'aspra riprovazione morale nei confronti del mondo tarantino, dissoluto e dissennato. Proprio un giudizio esclusivamente morale e dai chiari toni negativi si legge anche in XX 17 : *τὸ ἄπορον πλῆθος, <ᾧ> καλῶν καὶ δικαίων φροντὶς ἦν οὐδεμία, παρακρουσθὲν ὑπὸ Σαυνίτου τινὸς εἰς τὸ αὐτὸ συνέρχεται.* Seppure nel primo caso l'oggetto della riprovazione è una citta italiota e nel secondo il mondo italico, tuttavia la congruenza nei giudizi, nella situazione (*τὸ ἄπορον πλῆθος* sedotto da un ambiguo personaggio) e nella chiara tendenza anti-*δῆμος* mi inducono a ipotizzare la dipendenza di entrambi i luoghi dalla stessa fonte.

Si è notato in precedenza come la visione di Taranto offerta a XIX 5 si opponesse a quella presentata da Dionigi a XIX 8 sulla base di *x* e come tale opposizione palesasse la presenza di due diverse tendenze : il giudizio morale lasciava infatti in XIX 8 luogo a uno politico e più positivo nei confronti della città italiota. Ora, però, si dovrà notare come un atteggiamento sia anti-italico che anti-italiota compaia almeno in un passo di probabile origine *x* : a XX 3 lo schieramento epirota nella battaglia d'Ascoli subisce rispetto all'originale, riportato da Dionigi a XX 1-2, uno spostamento verso sinistra in modo che le truppe tarantine e italiche risultino poste al centro e tale collocazione deriva, secondo quanto è possibile arguire dal confronto delle testimonianze di Dionigi e Frontino, da un giudizio negativo su di esse. La consonanza di valutazione in questo caso tra Dion. XX 3, di derivazione da *x*, e Dion. XIX 5, nonché l'opposizione in altri induce a ipotizzare la presenza di una fonte comune per XIX 5 e XX 17 da un lato e alcuni passi del racconto di *x* dall'altro, cioé di una fonte diretta per *x*, ma indiretta per Dionigi.

Per la sua angolatura fortemente moralistica e per la sua predilezione, nel delineare il mondo greco, verso i motivi più schiettamente romani,

(5) Sull'ambasceria e i contatti tra mondo romano ed ellenistico cfr. GRUEN, *The Hellenistic world* ..., I, 63.

A.R. XIX 5, è parso articolarsi, come si ricorderà (6), nell'ambiente dell'aristocrazia senatoria, in un periodo successivo alla guerra siriaca. La sua versione, spostando la polemica dal piano politico a quello morale, si rivela nel complesso più moderata di quella dell'autore dioneo ; si dimostra inoltre particolarmente sensibile al costume morale e al valore della censura : in essa si deprecano soprattutto gli atteggiamenti lascivi e impudenti. Tali motivi sembrano rinviare tutti ad un autore di tendenza catoniana del II sec. a.C., benché non si possa escludere, per la scarsità delle testimonianze, che essi fossero ampiamente diffusi nella tradizione del medesimo periodo sulla guerra romano-epirota.

Che d'altra parte in *x* sia presente una fonte filo-catoniana parrebbe confermato dal ricorrere in *A.R.* XIX 13-18 e XX 13-14 di temi propri dell'azione politica del Censore (la moralità degli antichi costumi, l'elogio della vita agricola, il prestigio della censura) (7).

(6) Cfr. *supra* pp. 19-23.

(7) Tali temi nel discorso di Fabrizio a Pirro (XIX 14-18) sono ovviamente accentuati dallo stesso Dionigi (sull'argomento cfr. *supra* p. 41 e *infra* p. 105), ma il confronto con XX 13-14 consente di ritenerli già presenti, almeno in parte, nell'opera di *x*.

Quanto all'autore catoniano, si può suggerire, in forma ovviamente ipotetica, che vi é un annalista di tale tendenza che parlava proprio della fine della *pudicitia* a Roma e che rivestì la censura, L. Calpurnio Pisone, che ricevette, per la sua morigeratezza, l'appellativo di *Frugi* : cfr. Calp. Pis. fr. 38 Peter : (Pl., *N.H.* XVII 244) *Nec non et Romae in Capitolio in ara Iouis bello enata palma uictoriam triumphosque portendit. Hac tempestatibus prostrata eodem loco ficus enata est M. Messalae C. Cassi censorum lustro, a quo tempore pudicitiam subuersam Piso grauis auctor prodidit.* Cfr. anche il fr. 40 : (Cic., *ad fam.* IX 22, 2) *At uero Piso ille Frugi in annalibus suis queritur, adulescentes peni deditos esse.* La sua azione politica fu costantemente animata dal desiderio di restaurare il potere del senato, come testimoniano sia il varo della *lex Calpurnia* che la sua opposizione ai Gracchi. Così osserva infatti su questa legge Scullard, *Roman* ..., 236 : «But to prevent such scandals in the future a tribune, L. Calpurnius Piso, carried a law which set up a permanent court, empanelled from senators and presided over by a pretor, to deal with prosecutions for extortion (quaestio de rebus repetundis) ; its judgements were not subject to an appeal to the people or a tribune veto. The influence of the senate was thus immensely streghthened».

Proprio a Pisone, per collocazione cronologica e atteggiamenti, potrebbero quindi essere ricondotti alcuni motivi presenti in *x*. Su di lui cfr. Peter, *H.R.R.*, I, CLXXXI-CXCII ; E. Badian, *The early Historians*, in *Latin Historians*, London, 1966, 12-13 ; E. Rawson, *The first latin annalists, Latomus*, XXXV, 1976, 689-717 ; N. Berti, *La decadenza romana e i viri antiqui : riflessioni su alcuni frammenti degli Annali di L. Calpurnio Pisone Frugi, Prometheus*, 1989, 39-58 ; 145-189.

Quanto, infine, a XX 5, dove si parla della resa del Bruzio, pur in assenza di indizi evidenti, ne attribuirei la dipendenza da *x* per due motivi : 1) i capitoli conclusivi del XX libro sembrano, come si è notato, derivare tutti dalla medesima fonte e strano risulterebbe un cambiamento solo in questo caso ; 2) in *A.R.* XX 15 compare un

L'esame del XX libro ha quindi confermato non solo l'uso da parte di Dionigi delle medesime fonti già emerse nel XIX libro, C. Acilio e un annalista di età cesariana, ma anche le loro diverse tendenze : l'interesse dell'uno per Pirro, ribadito dal suo ricorso a fonti greche (Prosseno e Ieronimo), dell'altro per Fabrizio e il mondo politico romano, avvalorato ora anche dalla costatazione che egli si serve nel racconto della guerra romano-epirota di annalisti precedenti, cioé di fonti latine.

certo interesse per talune specie di alberi della Sila e i loro possibili usi : tali argomenti non erano appunto estranei a Calpurnio Pisone (fonte, secondo quanto si è ipotizzato, di *x*) come rivela l'uso frequente in Plinio (cfr. PETER, *H.R.R.*, I, CLXXVIII).

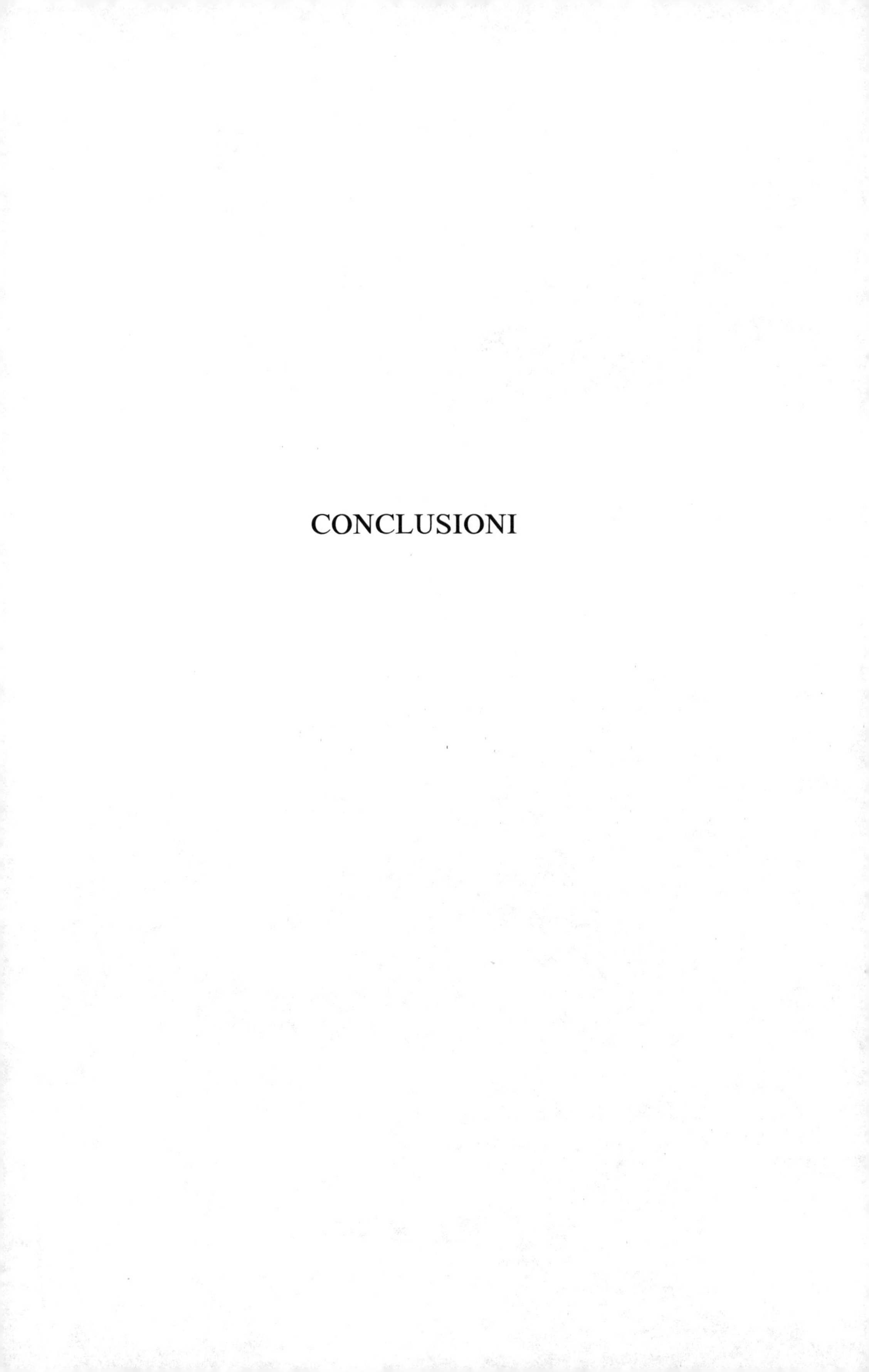

CONCLUSIONI

Il racconto di Dionigi

Nella scelta e alternanza di tendenze e fonti, secondo quanto l'esame finora condotto ha cercato di chiarire, Dionigi offre ovviamente la sua interpretazione dello scontro romano-epirota : si potrà quindi ora, quale primo risultato, ricostruire i motivi salienti del suo racconto su Pirro e la visione che ne traspare.

Egli narra nel XIX libro, dopo l'excursus dei capp. 1-4, dall'attacco contro la flotta romana fino all'invio dell'ambasceria, guidata da Fabrizio, a Pirro dopo la battaglia di Eraclea, il periodo cioé compreso tra il 281 (secondo altri il 282) (1) e il 280 a.C. Prosegue il racconto nel XX, che si apre con lo scontro presso Ascoli, nel 279 a.C., e si conclude, nei frammenti pervenuti, con il ricordo di una rivolta nel Sannio contro Roma avvenuta dieci anni dopo, nel 269 a.C., dopo la conclusione del conflitto romano-epirota e la partenza di Pirro dalla penisola italica (2).

Il suo resoconto è dominato, pur in presenza di sfumature e angolazioni diverse, da una tendenza pro-romana, in stretta aderenza con le sue fonti, tutte appunto romane.

Il punto di partenza doveva essere dato dall'arrivo delle navi romane nelle acque tarantine, ma in Dionigi, con ogni probabilità, l'azione non risultava né violazione di accordi precedenti né causa diretta della guerra : il conflitto non trova origine, come é ovvio, negli atti romani, ma in quelli sconsiderati della città italiota. L'attacco di risposta da parte tarantina sembra scaturire da un irrazionale furore collettivo : privo di motivazioni, è il gesto incontrollato e incontrollabile dei «peggiori della città», ove la caratterizzazione morale nasconde un giudizio politico sui democratici, sostenitori, nonché promotori della guerra contro Roma. Mancano in Dionigi gli antefatti e i rapporti intercorsi in precedenza tra Roma e Taranto, a riconferma che le ostilità

(1) Cfr. *supra* p. 20.
(2) Ricordo che il l. XX giungeva in realtà fino al 265 a.C. (cfr. DION. I 8, 2).

non trassero motivi da antichi contrasti di interesse, bensì solo dai deprecabili, ma riusciti, tentativi e desideri di una parte (rozza e ingiuriosa) della città italiota ; così egli parla ad es. della collocazione del presidio romano a Regio solo a XX 4, per narrare dell'eccidio perpetrato dalla stessa guarnigione nella città (3), dimostrando in modo ancora più palese di non cogliere negli interventi a favore di Turi e delle altre città italiote il vero motivo delle ostilità.

Egli individua, come si è detto, l'origine del conflitto esclusivamente nello scontro politico che si stava consumando proprio all'interno di Taranto e nell'analisi di tali vicende rivela un'impostazione moralistica, caratterizzata fortemente da censure contro i democratici della città (XIX 4-5). Nel racconto dionisiano Taranto appare divisa in almeno tre gruppi : gli aristocratici (fedeli amici di Roma), i democratici (nemici acerrimi dell'Urbe), il *δῆμος* sconcertato e indeciso, desideroso di evitare il conflitto, ma insieme facilmente preda delle azioni dei demagoghi. In tale contesto si situa il tentativo di Metone, probabilmente un aristocratico tarantino, perché Pirro non sia chiamato in aiuto contro i Romani, ovvero perché si ponga fine alle ostilità : il popolo, timoroso delle ripercussioni dell'arrivo dell'Epirota, è ora sensibile ai richiami dell'aristocratico, ma gli *αἴτιοι τῶν κακῶν*, che hanno già esiliato altri sostenitori della pace con Roma, lo cacciano dal teatro. Il tentativo estremo di Metone induce a ritenere che, per Dionigi, solo dopo le devastazioni, descritte come immediate ed efficaci, di Barbula si fece appello all'Epirota e gli si inviò un'ambasceria ufficiale : i contatti intercorsi in precedenza, seppure vi furono, dovettero essere solo informali (4). Credo inoltre che Dionigi, diversamente da Zonara (VIII 2), non parlasse dell'elezione di Agide come effetto della missione di Barbula : subito dopo la devastazione romana egli riferisce dell'intenzione tarantina di richiedere l'aiuto di Pirro e parla di esili inflitti agli oppositori all'invito ; in questo clima, con il potere in mano ai democratici, Metone dà vita al suo tentativo.

Ma la posizione dionisiana ha in sé un'altra implicazione ; ridimensionando i motivi di contrasto fra Roma e Taranto e attribuendo la

(3) Poiché a XX 4 Dionigi ritiene necessario riassumere gli antefatti dell'episodio, e cioé l'azione di Fabrizio in difesa di Turi e l'invio di una guarnigione a Regio, è probabile che egli non accennasse in precedenza a tali avvenimenti, a meno che non si debba ritenere il riassunto non di Dionigi, ma del suo *excerptor*.

(4) Così anche Plut., *Pyrrh.* XIII 6 ; diversamente invece in Iust. XVIII 1, 1 (cfr. *supra* p. 11).

causa del conflitto a una fazione operante nella città italiota, egli tende a svalutare la consistenza e la forza di questa, il vero nemico non potrà essere Taranto, ma solo Pirro : i capp. 4-8 si rivelano quindi premessa del successivo conflitto tra i Romani e l'Epirota. Alla figura di Pirro tuttavia non viene dato rilievo finché egli non giunge in Italia e non si pone alla guida dell'esercito opposto ai Romani. E' improbabile dunque che Dionigi riportasse le vicende precedenti dell'Epirota, nonché i rapporti fra gli stati greci che fanno da sfondo alla sua spedizione occidentale ; è anche difficile dire se riferisse del suo colloquio con Cinea alla vigilia della partenza, ove prendevano corpo i suoi progetti e le sue ambizioni (5), così come se chiarisse i motivi che ispirarono la scelta tarantina.

Il racconto dalla comparsa di Pirro assume un'impostazione che tende a sottolineare il ruolo e la figura di alcuni tra i protagonisti del conflitto. L'autore cerca di attenuare le intenzioni più apertamente anti-romane dell'Epirota allo scopo di rivestire di prestigio sia lui che i suoi avversari (6) : così Pirro si presenta nei due colloqui, l'uno epistolare (XIX 8-9), l'altro a voce (XIX 13-18), riportati da Dionigi non tanto nella sua veste di nemico di Roma, quanto di strenuo difensore della libertà dei Greci d'Italia. Tale impianto fa emergere accanto a Pirro figure particolari anche in campo romano : il racconto converge sempre più verso l'esaltazione di Fabrizio, vero eroe del conflitto. Non solo nella narrazione dionisiana l'ambasceria romana a Pirro è anticipata, a elogio e difesa proprio di Fabrizio, al 280 a.C., ma essa si profilerebbe più apertamente pro-fabriciana di quella liviana : in tal senso è stata letta l'ipotesi che anche in Dionigi, come in Plutarco e Appiano, l'invio di Cinea a Roma e l'intervento di Appio Claudio in senato dovessero porsi prima dell'avanzata di Pirro verso Roma e della legazione guidata da Fabrizio per trattare il riscatto dei prigionieri. L'anticipazione, poi, dell'ambasceria romana a Pirro al 280 a.C. pare strettamente connessa, come si è visto, con il mutamento dell'esito della battaglia di Ascoli, da sconfitta a scontro incerto. Dionigi di tale scontro ricorda in modo dettagliato lo schieramento e la tattica dei due eserciti, rivelando un certo interesse per la strategia militare, ma il suo racconto, falsato da una palese tendenza pro-romana, non riesce ad essere rigoroso e la precisione tecnica perde di fatto all'interno

(5) Cfr. PLUT., *Pyrrh.* XIV.
(6) Sull'argomento cfr. NENCI, *Pirro* ..., 21 sgg.

della narrazione la sua efficacia. Tuttavia alcuni dettagli permettono di ricostruire, seppure in modo frammentario e approssimativo, il piano elaborato da Pirro così come doveva essere delineato nell'opera prosseniana : è quindi possibile, tramite Dionigi, affiancare al resoconto ieronimiano conservato da Plutarco, che mirava a ridimensionare le capacità strategiche del re epirota, una versione dell'episodio a quest'ultimo più favorevole.

Diversamente da tutte le altre fonti, e di nuovo in funzione profabriciana, Dionigi pone quindi dopo la battaglia di Ascoli e sotto il consolato di Fabrizio nel 278 a.C. la punizione del presidio regino al comando di Decio. Se egli non accennava in precedenza alla collocazione di tale presidio ([7]), differentemente doveva invece aver parlato delle vicende di Messina, se a XX 1 può instaurare un rapporto di somiglianza tra gli eventi regini e quelli verificatisi anni prima in questa città, ma sull'analisi storica prevale la riflessione filosofica : in modo analogo a quanto già offerto in merito al dibattito in Roma e alle vicende interne a Taranto (XX 6-8), egli interpreta moralisticamente gli eventi e li propone quali esempi su cui meditare. In ogni caso lo storico, seppure coglie che i rapporti tra Roma e la Magna Grecia mutarono nel corso e in seguito alla guerra contro Pirro, non riesce tuttavia a delineare i nessi sottesi agli avvenimenti ; l'affare di Regio non si inserisce quindi all'interno dell'azione politica che fu sviluppata da entrambe le parti nella zona meridionale della penisola, ma rimane solo un episodio particolare a elogio di Fabrizio. Analogamente nel racconto mancano del tutto accenni ai rapporti tra Pirro e le città italiote e a XX 5 Dionigi addirittura pone sullo stesso piano, senza comprenderne le differenti implicazioni, la versione che riteneva la notizia circa i tentativi epiroti di impossessarsi di Regio un'invenzione di Decio e quella che la considerava autentica ([8]).

(7) Cfr. *supra* p. 86 e n. 3.

(8) Cfr. Dion. XX 4, 4 : *ὑφ'οὗ πεισθεὶς καὶ τὸν πρόπον τῆς ἐπιχειρήσεως σὺν αὐτῷ βουλευσάμενος* ... *πεπυσμένος γὰρ τὴν Πύρρου διάβασιν τοὺς ἐπιφανεστάτους Ῥηγίνων κρύφα διαπέμπεσθαι πρὸς αὐτὸν ὑπισχνουμένους κατασφάξειν τὴν φρουρὰν καὶ παραδώσειν ἐκείνῳ τὴν πόλιν. ἔτι ταῦτα λέγοντος αὐτοῦ παρῆν τις ἐγκάθετος, αὐχμηρὸς ὡς ἐξ ὁδοῦ, γράμματα ὑπ'αὐτοῦ Δεκίου κατεσκευασμένα κομίζων* (in cui si riportava quanto già detto dal Campano) ... *Τινὲς μὲν λέγουσι τὸν γραμματηφόρον ὑπὸ Φαβρικίου τοῦ ὑπάτου κατὰ σπουδὴν ἀπελστάλθαι, τὴν δ'ἐπιστολὴν ταῦτα περιέχειν, ἃ μικρῷ πρότερον ἔφην, καὶ παραινεῖν Δεκίῳ φθάσαι τοὺς Ῥηγίνους· ἔχει δὲ λόγον ἀμφότερα.*

Nella seconda versione le lettere e il loro contenuto non sono più elaborazione di Decio e quindi bisogna presupporre che siano ritenute autentiche.

Lo sviluppo del racconto sulla base di individualità distinte, innanzitutto l'Epirota, si manifesta nuovamente in modo chiaro dall'episodio del tentato tradimento di Pirro, di cui Dionigi riporta la versione più diffusa, anche qui, come per la battaglia di Ascoli, non senza conservarci alcuni motivi propri dell'*entourage* epirota. Analoga tendenza ricompare nella spiegazione delle cause che indussero Pirro alla spedizione in Sicilia : lo spazio dedicato all'avvenimento è breve, a dimostrazione che l'interesse dionisiano era unicamente rivolto al conflitto tra Pirro e i Romani. In ogni caso in merito alla conclusione dell'impresa isolana lo storico riferisce una versione particolare : non le mire ambiziose del re, ma la sua incapacità di governo ne provocarono il fallimento ; Pirro risulterebbe quindi sufficientemente abile in campo militare, anche se non sempre accorto, ma incapace di reggere uno stato. Le capacità belliche del re sono riconfermate subito dopo dalla giustificazione prosseniana circa la sconfitta subita contro Roma che Dionigi accoglie a XX 9-10 : lo storico epirota ne attribuiva la causa all'empietà di Pirro e alla conseguente punizione divina e riteneva che nessun altro motivo poteva essere addotto, perché il re era il più valente comandante della sua epoca ed era dotato di un forte e poderoso esercito. Tuttavia nell'indagare i motivi della disfatta, Dionigi non riesce a scegliere e riporta versioni tra loro contrastanti : da un lato Pirro appare un uomo mal consigliato e vinto dal destino, dall'altro un generale incauto che incorre troppo spesso in errore. Così l'immagine del re epirota che egli fornisce nella battaglia di Benevento, emblematicamente a chiusura della sua storia sulla guerra romano-epirota, risulta contraddittoria e ambigua : il suo Pirro non riesce a svelarci le sue reali intenzioni, ambiziose o meno che fossero, né le ragioni vere dell'insuccesso.

Il racconto dionisiano prosegue quindi con l'esame delle ripercussioni della vittoria romana su Pirro, che lo storico sintetizza in due aspetti precisi : 1) i nuovi rapporti con l'Oriente, rivelati dall'ambasceria del 273 a.C. a Tolemeo Filadelfo ; 2) le relazioni tra Roma e le popolazioni italiche e italiote, alleate del re epirota, dopo la sconfitta di quest'ultimo. La vittoria di Roma modificò dunque i suoi rapporti all'interno ed esterno della penisola e segnò l'inizio di una politica di più vasto respiro. Ma ancor più significativo è il fatto che gli ultimi capitoli delle *Antiquitates* siano caratterizzati tutti da una tendenza moraleggiante tesa a elogiare gli antichi costumi romani. Dionigi si proponeva di dimostrare, secondo quanto afferma in *A.R.* I, 5, come la «greca» Roma fosse superiore a qualsiasi altro stato per pietà religiosa, virtù e valore militare e abbia quindi meritato la signoria che detiene : il racconto della guerra romano-tarantina ribadisce in modo decisivo tale convinzione e dimostra in forma inconfutabile la tesi iniziale, da cui le *Antiquitates* hanno preso le mosse. Anzi la loro conclusione rivelerebbe come per Dionigi sia stato il conflitto contro Pirro a segnare il definitivo emergere di Roma quale portatrice dei principi e valori propri del mondo ellenico, tanto da offrirla nuovamente, in chiusura, quale pietra di paragone delle illustri città greche del passato, Atene e Sparta (XX 13). Il conflitto sancirebbe quindi non solo una svolta politica, ma anche «culturale» e le personalità che vi si fronteggiano, Pirro e Fabrizio, appaiono simboli distinti, ma ugualmente meritevoli di ammirazione, d'unica civiltà. Emblema del mondo romano sono in sostanza gli ideali e valori catoniani, sui quali la figura di Fabrizio appare modellata. E se da un lato l'eroe romano ricorda la moralità dell'integerrimo Censore, dall'altro, come si è notato (XIX 13), un secondo e persistente motivo lo avvicina, più che ad ogni altro, all'Uticense, in cui il costume morale si coniugava con la difesa estrema delle libertà repubblicane. Il Fabrizio dionisiano si sviluppa, quindi, poco dopo la morte di Catone, in un ambiente vicino all'Uticense e che ne lamentava ancora la scomparsa, ma nella visione dionisiana egli è innanzitutto simbolo dell'anima più genuinamente romana, su cui si è costituita la forza della città : se si pensa che Dionigi scrive nel momento in cui Augusto ha iniziato la sua opera moralizzatrice, si può perciò intravedere un collegamento tra questa interpretazione e le vicende politiche in corso ([9]).

(9) Sul sostegno concesso da Dionigi alla figura e all'opera politica di Augusto cfr. GABBA, *Storiografia greca* ..., 641 ; EDLUND, *Dionysios* ..., 27-31 ; CAGNAZZI, *Politica* ..., 52-59.

Le fonti di Dionigi

a) C. Acilio

Sulla base delle corrispondenze interne al racconto dionisiano e la loro aderenza o meno alle altre fonti sulla guerra romano-epirota, si è cercato finora di rilevare le tendenze predominanti e peculiari degli episodi superstiti delle *Antiquitates*, nel tentativo di ricostruirne i passaggi (intermedi e finali) determinanti. E' ovvio che in taluni luoghi si è dovuto procedere per semplificazioni, poiché della tradizione elaboratasi lungo i secoli in più di un caso sono pervenute solo tracce. Tuttavia, alla luce del lavoro svolto, i ll. XIX e XX delle *Antiquitates*, nelle parti in cui ci sono conservati, appaiono derivare essenzialmente da due fonti, entrambe romane ma differenti per collocazione cronologica ed interessi : C. Acilio e un annalista di età cesariana. Dal primo Dionigi attingerebbe il racconto della battaglia di Eraclea (XIX 9-12), gran parte di quello della battaglia di Ascoli (XX 1-3), l'episodio di Dexicrate (XX 5, 2) e di seguito le vicende del tentato tradimento di Pirro (XX 6), della spedizione in Sicilia (XX 7-8), del saccheggio del tempio di Locri (XX 9), della battaglia di Benevento (XX 10-12). Da *x* sarebbe tratto il racconto dell'attacco tarantino alle navi romane e dell'ambasceria di Postumio (XIX 5), del consolato di Emilio Barbula e del tentativo di Metone a Taranto (XIX 6-8), dell'ambasceria di Fabrizio (XIX 13-18), parzialmente quello della battaglia di Ascoli (XX 1-3) e dell'affare di Regio (XX 4-5) e infine gli episodi della censura di Fabrizio (XX 13), della legazione a Tolemeo Filadelfo (XX 14), della sottomissione dei Bruzi (XX 15) [1], della punizione del presidio a Regio (XX 16) e della rivolta del Sannio (XX 17). Dionigi sembra quindi prediligere la prima fonte per gli scontri sul campo, mentre la seconda per gli affari interni e per la figura di Fabrizio ; la circostanza potrebbe conservarci le peculiarità del racconto pirrico dei due annalisti :

(1) Cfr. *supra* pp. 80-81 n. 7.

quello di Acilio apparirebbe dedicato in gran parte alla personalità del re epirota e allo svolgimento della guerra con i Romani, mentre quello di x alle vicende politiche di Roma e Taranto, nonché all'esaltazione della figura fabriciana. In Acilio il ruolo di Taranto risulterebbe invece scarso e inefficace, mentre ogni interesse convergerebbe proprio su Pirro, protagonista del conflitto : da lui Dionigi ricaverebbe quindi l'impostazione che riconosceva solo ed esclusivamente nell'Epirota il nemico di Roma e l'attenzione nei suoi confronti che si profila dal cap. 9 del XIX libro delle *Antiquitates* (2). Ora, io credo che Acilio abbia attinto tale impostazione dalle sue fonti ; si è più volte avanzata l'ipotesi che egli si basi sulla storiografia greca contemporanea a Pirro, cioé su Prosseno e Ieronimo : nelle opere di tali autori, e in specie del primo, Pirro doveva infatti rivestire il ruolo di protagonista, caratterizzando l'intero racconto e imprimendogli una struttura biografica. L'uso dello storico epirota è stato ipotizzato già nell'esame del XIX libro sulla base della coincidenza tra Iust. XVII 3, 22, di cui sarebbe fonte appunto Prosseno, e Dion. XIX 9, 1-2 : sia il primo che il secondo rivelano le intenzioni pro-tarantine più che anti-romane di Pirro al suo arrivo in Italia, la sua nobile discendenza, le gesta compiute e il coraggio in guerra. L'ipotesi trova conferma nella stessa citazione dello storico epirota a XX 10 in relazione alla sconfitta subita dal re presso Benevento. Elementi prosseniani sono stati quindi rintracciati anche in XX 1-3 (schieramento e strategia epirota nella battaglia di Ascoli), a XX 6 (tentativo di tradimento ai danni di Pirro) e con qualche perplessità a XX 5, 2 (mutilazioni di Decio) (3). Anche la presenza di Ieronimo si è profilata fin dal XIX libro e potrà risultare ora più chiara alla luce del confronto tra Dion. XIX 12 (episodio di Oblaco) e Plut., *Pyrrh.* XXVI, dove è riportato il giudizio conclusivo dello storico di Cardia sul re (4) : *καὶ νομισθεὶς ἐμπειρίᾳ μὲν πολεμικῇ καὶ χειρὶ καὶ τόλμῃ πολὺ πρῶτος εἶναι τῶν καθ' αὑτὸν βασιλέων, ἃ δὲ ταῖς πράξεσιν ἐκτᾶτο ταῖς ἐλπίσιν ἀπολλύναι, δι' ἔρωτα τῶν ἀπόντων οὐδὲν εἰς ὃ δεῖ θέσθαι τῶν ὑπαρχόντων φθάσας. ὅθεν ἀπείκαζεν αὐτὸν ὁ Ἀντίγονος κυβευτῇ πολλὰ βάλλοντι καὶ καλά, χρῆσθαι δὲ οὐκ ἐπισταμένῳ τοῖς πεσοῦσι.*

(2) Cfr. *supra* pp. 29-30.

(3) Sulla presenza di Prosseno, attraverso Acilio, in Dionigi di Alicarnasso cfr. anche La Bua, *Prosseno* ..., 52-61, non sempre tuttavia convincente nella sua analisi del testo dionisiano.

(4) Così generalmente si ritiene : cfr. Mazzarino, *Il pensiero* ..., II, 1, 358.

Ieronimo riconosce il coraggio e l'abilità di guerriero dell'Epirota, ma gli rimprovera l'incapacità di controllare il presente per desiderio di ciò che gli manca, cioé la sua imprevidenza e superficialità dinanzi agli avvenimenti in corso causate dalle sue inquiete aspirazioni : per la sua tensione verso il futuro il Pirro ieronimiano può incorrere in errori di valutazione sul presente e in superficiali inavvedutezze. Se questo è il giudizio dello storico di Cardia, io credo, come già in precedenza supposto, che esso si legga anche nell'episodio di Oblaco raccontato da Dionigi. In esso Pirro è incapace di calcolare il pericolo rappresentato dal capo dei Ferentani, con baldanza egli esalta le sue forze nella convinzione che la vittoria futura non verrà meno : l'episodio riportato da Dionigi è l'esempio specifico del giudizio complessivo espresso da Ieronimo sotto l'egida antigonide. Si è poi già notato come esso viva di una netta contrapposizione tra l'accorto Leonnato, macedone, e l'imprevidente Pirro : l'esaltazione insistita del primo, in contrasto con il re epirota, collima bene con la posizione pro-macedone dello storico di Cardia. Nel racconto di Oblaco sarebbe quindi presente appunto la rappresentazione ieronimiana di Pirro, che negherebbe proprio uno degli aspetti esaltati dalla propaganda epirota : (Paus. I 13, 2) *τὴν ἐπὶ τοῖς ἀεὶ μέλλουσι ἀγῶσι πρόνοιαν* (5). Come si è in precedenza notato, un analogo giudizio su Pirro e la medesima tendenza a capovolgere in senso negativo i motivi della propaganda epirota compaiono anche in *A.R.* XX 8 (spedizione in Sicilia) e XX 11 (battaglia di Benevento), ove tali elementi risultano contrapposti alla versione prosseniana : le due coincidenze hanno suggerito l'ipotesi di un uso anche in tali passi di Ieronimo.

La mediazione aciliana, infine, tra i due storici del III sec. a.C. e Dionigi è risultata certa in almeno due casi : a XIX 9-10, dove le missive riportate da Dionigi (di Pirro al console Valerio Levino e viceversa) rinviano ad un annalista che scrive in greco tra il 170 e il 120 a.C. (6) e a XX 6 per le coincidenze presenti solo tra il testo di Dionigi e

(5) Sul passo di Pausania cfr. *supra* pp. 46-47 n. 7.

(6) Si è però precisato che dalla medesima fonte per la presenza di un analogo atteggiamento deve derivare anche XIX 11 e XIX 12, di cui si è dimostrata la derivazione ieronimiana (cfr. *supra* pp. 33-35). Seppure tale atteggiamento vorrà essere attribuito almeno in parte allo stesso Dionigi (cfr. *infra* p. 94 e n. 7), credo tuttavia che l'uso indiretto di Ieronimo possa essere avvalorato dal fatto che nel *De comp. uerb.* IV 30 Dionigi pronuncia su tale autore un giudizio severo e ne inserisce l'opera tra quelle che *οὐδεὶς ὑπομένει μέχρι κορωνίδος διελθεῖν*.

quello di Quadrigario (-Acilio) ; da qui si è ritenuto possibile estenderla per analogia agli altri passi.

Nel XX libro i due autori (Prosseno e Ieronimo) sono chiaramente tenuti distinti, mentre a XIX 9-12 si è notato come anche i motivi del primo, per il contesto in cui sono inseriti, più che esaltare il re epirota, così come doveva essere nel testo originale, ne rilevino la temerità e arroganza, sembrino cioé letti alla luce dell'interpretazione ieronimiana. La circostanza sembrerebbe isolata ed è difficile affermare con sicurezza se Dionigi trovi tale sovvertimento in Acilio o lo operi (o quanto meno lo accentui) di propria mano per dare maggiore uniformità al racconto (7).

In ogni caso nel XX libro Acilio, e attraverso di lui Dionigi, manifesta una certa predilezione per l'opera prosseniana, da attribuire, almeno in parte, vista l'insistenza dei rinvii a tale motivo, all'interesse per il rapporto «pietà-sacrilegio» delineato nell'opera dello storico epirota. All'interpretazione, tutta umana e pragmatica, di Ieronimo tuttavia l'annalista ricorre ancora in due luoghi e la circostanza non sarà casuale, poiché si tratta dei due momenti risolutivi dell'impresa occidentale, la spedizione in Sicilia e la battaglia di Benevento, nel tentativo forse, nel primo caso, di sopperire all'insufficienza di Prosseno e, nel secondo, di fornire un quadro più completo degli eventi : la comprensione da parte di Acilio dei momenti nodali dell'impresa epirota e della diversa interpretazione offerta dai due autori greci dimostrerebbe una certa capacità di lettura delle proprie fonti. L'uso da parte dell'annalista della storiografia pirrica del III sec. a.C., infine, trova forse motivazione nell'epoca in cui egli scrisse. Dopo la conquista della Macedonia (168 a.C.) giunsero a Roma i diari di Pirro fino ad allora conservati

(7) Si potrebbe forse ipotizzare che sia stato un cambiamento all'interno della stessa opera prosseniana (tesa in un primo momento all'esaltazione di Pirro e in un secondo a giustificarne gli insuccessi) a indurre Acilio ad un uso diverso di essa : infatti se la prima impostazione poteva essere oggetto di confutazione, la successiva poteva servire per una rappresentazione positiva dei Romani più che o tanto quanto una raffigurazione negativa del re epirota, poiché la giustificazione degli insuccessi di Pirro attraverso la punizione divina e il cattivo consiglio dei *φίλοι* sottolineava, di contro, la giustizia e il rispetto degli dei da parte dei Romani, nonché la loro integrità di governo rispetto alle inimicizie e odî della corte epirota. Non si opporrebbe peraltro a tale ipotesi il fatto che Acilio già nel racconto della battaglia di Ascoli, da cui sarebbe ancora assente il motivo prosseniano della punizione divina, sembri preferire ugualmente Prosseno, perché tale predilezione qui potrebbe essere attribuita, come si è visto, ad altri motivi : cfr. *supra* p. 52.

negli archivi degli Antigonidi [8] : la loro diffusione dovette risvegliare un certo interesse per la figura del re epirota e la storiografia a lui legata. In tale clima Acilio fu probabilmente spinto alla lettura delle fonti greche contemporanee di Pirro, Prosseno e Ieronimo, che dei suoi *ὑπομνήματα* si erano servite. Poiché C. Acilio è probabilmente il primo annalista a redigere il suo racconto pirrico dopo l'arrivo dei diari in Italia [9] e noti sono i suoi profondi legami con la cultura greca [10], non si può escludere che il suo atteggiamento costituisca una novità all'interno della storiografia romana, che egli cioé sia il primo a rivolgersi con decisione, per narrare la guerra romano-epirota, alle fonti greche del III sec. a.C. [11]. In ogni caso sta di fatto che Acilio attraverso Q. Claudio Quadrigario rappresenterebbe, in questa sede, il punto di congiunzione tra prima e seconda annalistica : egli costituirebbe il principale «trait d'union» tra la storiografia pirrica di lingua greca del III sec. a.C. e l'annalistica a lui successiva. Quest'ultima accoglierà e manterrà per tutto il suo corso l'impianto gravitante intorno a singole personalità (estendendolo anche al campo romano e in particolare a Fabrizio), a cui proprio Acilio aveva dato impulso sulle orme di Prosseno e Ieronimo ; tenderà inoltre ad attenuare progressivamente, secondo quanto si profila già in quest'annalista, i motivi anti-epiroti fino all'esaltazione dello stesso Pirro allo scopo di valorizzare in confronto maggiormente i Romani.

b) La seconda fonte dionisiana

Accanto ad Acilio compare nel racconto della guerra romano-epirota delle *Antiquitates* un'altra fonte, anch'essa romana, di età successiva. Tale annalista fornisce una rappresentazione pacata del re epirota, in

(8) Cfr. LA BUA, *Prosseno* ..., 15 sgg., che ritiene autore di tali diari lo stesso Prosseno.

(9) Acilio iniziò la sua opera storica secondo il PETER, *H.R.R.*, I, CXXI-CXXV poco dopo il 155 a.C. e precederebbe di poco Postumio Albino.

(10) Cfr. GELL., *N.A.* VI 14, 9.

(11) Una debole conferma si può forse ricavare da un frammento di Cassio Emina, pressoché coevo di Acilio. In esso si ricorda l'arruolamento di proletari da parte di Marcio Filippo, nel 281 a.C., quando era console con Emilio Barbula, autore nello stesso anno delle devastazioni contro i Tarantini : l'accenno potrebbe indurre a ritenere che in tale autore il racconto del conflitto romano-tarantino seguisse ancora un rigido schema annalistico con la registrazione degli accadimenti principali della politica interna ed estera di Roma ; in tal caso bisognerebbe pensare ad una narrazione fondata essenzialmente su fonti romane e priva di un impianto che si basi in modo predominante sulla figura di Pirro.

contrapposizione al quale egli mira unicamente ad esaltare la figura dell'incorruttibile Fabrizio : proprio da lui Dionigi deriverebbe la tendenza fortemente pro-fabriciana che caratterizza il suo racconto.

A questa tendenza si è attribuita l'anticipazione dell'ambasceria di Fabrizio al 280 a.C., dopo la battaglia di Eraclea (XIX 13-18), e della punizione del presidio di Regio (XX 4-5) al 278 a.C. ; circa il primo avvenimento, l'oscillazione tra le due diverse date (280 a.C. e 279 a.C.) sembra rivelare come lo spostamento cronologico della legazione fosse ancora recente e non pienamente affermato. Da Dionigi si ricava peraltro che *x* accoglieva un altro mutamento prodotto nella storia della guerra pirrica, anch'esso di recente formulazione, e cioé l'esito paritario dello scontro di Ascoli ([1]). Poiché la battaglia è registrata ancora come sconfitta in Valerio Anziate ([2]), la modificazione può essere posta con sicurezza in epoca successiva a tale annalista, non molto tempo prima, io credo, della stesura della fonte dionisiana : l'esito paritario presente in quest'ultima sembra infatti il primo grado delle manomissioni operate intorno alla battaglia di Ascoli, che divenne per gli autori liviani a tutti gli effetti vittoria romana ([3]). Da ciò nasce l'ipotesi che i due interventi correttivi operati dalla storiografia romana siano non solo collegati fra loro, ma uno dipendente dall'altro ([4]).

La duplice sconfitta dell'esercito romano doveva infatti apparire particolarmente ignominiosa, tanto da suggerire un mutamento sostanziale nel racconto dell'avvenimento. Ma la modificazione dell'esito di Ascoli, se pur riabilitava i Romani in campo militare, sviliva, come si è altrove anticipato, il ruolo di Fabrizio che da «salvatore della patria» all'indomani della seconda sconfitta diveniva un promotore intempestivo della pace alla luce della «vittoria» di Ascoli. Da ciò dovette nascere l'esigenza di spostare la collocazione dell'ambasceria per salvaguardare il ruolo di Fabrizio : l'intervento storiografico risulterebbe qui non solo in funzione pro-romana, ma soprattutto in funzione pro-fabriciana.

Entrambi gli interventi, come si è detto, sarebbero avvenuti poco prima della stesura di *x* e la versione di tale annalista risulterebbe

(1) Cfr. Dion. XX 1-3 e Plut., *Pyrrh.* XX 9, ove è attestato che Dionigi attribuiva a emtrambe le parti il medesimo numero di perdite (quindicimila uomini) : sull'intera questione si vd. *supra* pp. 45-52.

(2) Cfr. Gell., *N.A.* III 8.

(3) In Liv., *Per.* XIII in verità si parla di *dubio evento*, ma nei liviani (Frontin. II 3, 41 ; Eutr. II 13 ; Or. IV 1, 22) le cifre dei caduti (quindicimila epiroti, cinquemila romani) indicano un chiaro successo romano.

(4) Cfr. *supra* pp. 38-39.

posteriore alla storiografia di età sillana e precedente alla vulgata liviana, ove i due mutamenti sono accettati e consolidati.

Tale indicazione cronologica riguardo alla fonte dionisiana è precisata dal fatto che in essa risultano attestati motivi propri dell'epoca cesariana, che permettono dunque di collocarla con sufficiente esattezza : il discorso di Fabrizio a Pirro si snoda attraverso un motivo conduttore, l'opposizione tra la concezione ellenistica della monarchia e l'attaccamento alle istituzioni repubblicane, in cui Fabrizio appare incarnazione *ante litteram* degli ideali catoniani.

Quali sono, ora, gli altri indizi emersi circa tale autore ?

Egli sembra rivolgere particolare interesse alle questioni legali (5) ; per i suoi continui rinvii a detrattori di Fabrizio parrebbe conoscere una fonte di tendenza anti-fabriciana, probabilmente Valerio Anziate, del quale mirerebbe a confutare l'impostazione (6). Potrebbe infine aver derivato da un annalista come Calpurnio Pisone l'atteggiamento moralizzatore di ispirazione catoniana (7). Ebbene, questi tre elementi corrispondono in specie ad un autore di età cesariana : Q. Elio Tuberone, del quale ben noti sono gli interessi giuridici (8) e il cui ricorso ad Anziate è generalmente riconosciuto (9). La vicinanza a Catone, la sua tendenza a elogiare gli antichi costumi romani, nonché l'appartenenza a una delle famiglie della nobiltà senatoria rendevano inoltre Calpurnio Pisone autore che Tuberone poteva particolarmente stimare data la sua vicinanza agli ideali e valori ciceroniani (10).

Purtroppo nulla rimane del racconto tuberoniano sulla guerra romano-epirota che fornisca conferma definitiva dell'ipotesi, però si

(5) Cfr. *supra* p. 28 e p. 58.

(6) Cfr. *supra* pp. 57-58.

(7) Cfr. *supra* pp. 79-80.

(8) Su di essi si vd. GELL. XIV 2, 20 ; DIGEST. XXXII 29, 4 ; XXXIII 6, 7 pr. ; XXXIII 10, 7, 1 e 2.

(9) Cfr. R. M. OGILVIE, *A commentary on Livy. Books 1-5*, Oxford, 1965, 17.

(10) Che Tuberone nel corso delle sue *Historiae* abbia attinto a Calpurnio Pisone ammette anche PETER, *H.R.R.*, I, CCCLXXII.

Si noterà tra l'altro come l'insistita esaltazione della povertà di Fabrizio (e la condanna di contro della ricchezza) risulti particolarmente coerente con lo stile di vita degli Aelii : cfr. PLUT., *Aem.* XXVIII, 6-7 : *μόνα τὰ βιβλία τοῦ βασιλέως φιλογραμματοῦσι τοῖς υἱέσιν ἐπέτρεφεν ἐξελέσθαι, καὶ διανέμων ἀριστεῖα τῆς μάχης Αἰλίῳ Τουβέρωνι τῷ γαμβρῷ φιάλην ἔδωκε πέντε λιτρῶν ὁλκήν· οὗτός ἐστι Τουβέρων ὅ ἔφαμεν μετὰ συγγενῶν οἰκεῖν ἑκκαιδέκατον ἀπὸ γηδίου μικροῦ διατρεφομένων ἁπάντων. καὶ πρῶτον ἄργυρον ἐκεῖνόν φασιν εἰς τὸν Αἰλίων οἶκον εἰσελθεῖν, ὑπὲρ ἀρετῆς καὶ τιμῆς εἰσαγόμενον, τὸν δ'ἄλλον χρόνον οὔτ' αὐτοὺς οὔτε τὰς γυναῖκας ἀργύρου χρῄξειν ἢ χρυσοῦ.*

ricorderà che coincidenze evidenti sono emerse tra la conclusione del discorso di Fabrizio a Pirro nel 280 a.C. (Dion. XIX 18 sq.) e il racconto di Dione sulla morte di Catone Uticense (Dio XLIII 10 sq.) (11). Dalla coincidenza di temi — la difesa dell'*ἐλευθερία καὶ παρρησία* (12) — si giunge, come si è detto, persino a quella lessicale. Così Dio XLIII 10 : *ὅτι ἐγὼ μὲν ἔν τε ἐλευθερίᾳ καὶ παρρησίᾳ τραφεὶς οὐ δύναμαι τὴν δουλείαν ἐκ μεταβολῆς ἐπὶ γήρως μεταμαθεῖν* appare significativamente affine a Dion. XIX 18, 4 : *πῶς δ'ἂν ὑπομεῖναι δυναίμην ἐγὼ τοῦ βίου μεταβολὴν ὀψὲ δουλεύειν διδασκόμενος ;* Ora, non potrà più apparire casuale che per il racconto della morte di Catone in Dione sia stata di recente formulata l'ipotesi che esso derivi proprio da Elio Tuberone, che esalta l'Uticense quale difensore della libertà contro Cesare (13). Dionigi avrebbe certo potuto elaborare il discorso orchestrandolo sulle pagine scritte dall'annalista sulla morte di Catone, ma poiché lo stesso Tuberone fu autore di *Historiae* che comprendevano la guerra pirrica perché non pensare che il parallelo fosse già presente nella sua opera, da cui Dionigi lo riprende e lo amplia, e ritenere quindi, in base anche agli altri indizi emersi, proprio Tuberone fonte di XIX 13-18 e degli altri passi dei ll. XIX e XX attribuiti alla medesima fonte ? Peraltro tra Dionigi e Tuberone intercorsero stretti rapporti personali : il primo fu infatti patrono e protettore del secondo (14), è quindi assai probabile che lo storico greco abbia potuto leggere in forma completa la sua opera.

Di particolare interesse risulta, a questo punto, l'ipotesi che Tuberone acquisirebbe taluni mutamenti nella tradizione circa lo scontro romano-epirota e li trasmetterebbe alla storiografia successiva ; rivestirebbe quindi il compito di tramite imprescindibile, almeno per alcuni avvenimenti, tra la seconda annalistica e gli *Annali* liviani. Che tale atteggiamento non sia casuale in Tuberone ricaviamo da un altro episodio della storia romana, per il quale ci è pervenuta, benché in parte, la versione dell'annalista.

(11) Cfr. *supra* p. 42.

(12) Cfr. Dion. XIX 18 e Dio XLIII 10.

(13) Cfr. G. Zecchini, *La morte di Catone e l'opposizione intellettuale a Cesare e ad Augusto, Athenaeum*, LVIII, 1980, 39-56.

(14) Cfr. Ogilvie, *A commentary ...*, 16-17 ; G. W. Bowersock, *Augustus and the Greek world*, Oxford, 1965, 130 e n. 2 ; M. Bretone, *Quale Tuberone ?, Iura*, XXVII, 1976, 72-76 ; A. M. Biraschi, *Q. Elio Tuberone in Strabone V, 3, 3 ?, Athenaeum*, LIX, 1981, 195-199 ; Cantarelli, (a cura di), *Dionisio ...*, 11.

Nel successivo racconto della prima guerra punica Tuberone conservava, secondo la mia ricostruzione (15), sulle torture inflitte ad Attilio Regolo, un elemento diverso rispetto alla versione più antica rappresentata per noi da Tuditano (età graccana), un elemento che ebbe in seguito ampia fortuna : la menzione di un marchingegno usato dai Cartaginesi ai danni di Attilio Regolo, ricordato invece da Tuditano come strumento di tortura utilizzato dai figli di Regolo su alcuni prigionieri cartaginesi consegnati loro dal senato romano. E' proprio questo particolare, mutato di collocazione nel racconto di Tuberone, ad essere accolto dalla storiografia successiva ; se però nell'annalista la manomissione era limitata a questo solo elemento, nel racconto liviano esso è isolato e viene a costituire l'intero assunto delle atrocità subite da Regolo : Tuberone, cioé, prepara, ma in modo cauto, le basi della successiva elaborazione storiografica, rappresentata da Livio.

Per questi tre episodi (esito di Ascoli — ambasceria di Fabrizio a Pirro — torture inflitte ad Attilio Regolo) Tuberone rappresenta per noi il termine mediano tra la seconda annalistica e la storiografia augustea : egli è il fulcro delle trasformazioni che confluirono nella vulgata liviana. Si può tuttavia identificare in modo più perspicuo l'ambiente e il periodo in cui tali trasformazioni si produssero. La versione tuberoniana sui tormenti di Attilio Regolo è già chiaramente attestata in Cicerone (16), in modo analogo in Cicerone il discorso di Appio Claudio (e di conseguenza l'ambasceria di Fabrizio) è collocato nel 280 a.C. (17). Amici di Cicerone e studiosi di storia furono in particolare Pomponio Attico (18), che pubblicò intorno al 47 a.C. il *Liber annalis*, e lo stesso padre di Q. Elio Tuberone, L. Tuberone, sulla cui attività ci testimonia proprio l'oratore : (*Ad Q. fratrem* 1,

(15) Cfr. Schettino, *Aulo Gellio* ..., 133 sgg., in specie n. 3.

(16) Cfr. Cic., *In Pison.* 19, 43.

(17) Cfr. Cic., *De sen.* 16. Si potrà inoltre notare che in *Brut.* 55 Cicerone ricorda l'ambasceria di Fabrizio dopo il discorso di Appio Claudio, tuttavia l'indizio non è sufficiente per ritenere che l'Arpinate e Tuberone concordassero anche su questo punto, poiché l'ordine cronologico del capitolo è contraddetto dalla menzione del tribunato di Manio Curio (299 a.C.) dopo l'intervento in senato contro Pirro di Appio Claudio (280 a.C.) e il ricordo di Ti. Coruncanio (console nel 280 a.C.).

(18) Su cui cfr. F. Münzer, *Atticus als Geschichtsschreiber, Hermes*, 1905, 52-84, che ha dimostrato in particolare come le notizie contenute in opere ciceroniane posteriori alla composizione del *Liber annalis*, avvenuta fra il 50 e il 47 a.C. (cfr. Cic., *Brut.* 19 e 44), risalgano sicuramente alla cronografia di Pomponio Attico, in quei casi in cui Cicerone rettifica in opere successive al 47 a.C. la datazione o la versione di un avvenimento accolta nel *De re publica* o nel *De oratore*.

1, 3, 10) *quamquam legatos habes eos, qui ipsi per se habituri sint rationem dignitatis suae, de quibus honore et dignitate et aetate praestat Tubero, quem ego arbitror, praesertim cum scribat historiam, multos ex suis annalibus posse deligere, quos uelit et possit imitari* ([19]). Alla luce del fatto che in Tuberone i cambiamenti appaiono avvenuti di recente e che essi sono già attestati in Cicerone, credo che sia possibile ipotizzare che siano maturati proprio nell'ambiente dell'Arpinate — di Attico — di L. Tuberone, al quale Quinto era per motivi personali e culturali intimamente legato. In tale ambiente si sarebbe dato vita ad una revisione della storia romana con l'intento di esaltare alcune delle sue figure : il tentativo avrebbe trovato naturale accoglienza in Tuberone, che ne avrebbe trasmesso i risultati alla storiografia successiva ([20]).

Tuberone seguirebbe peraltro la tendenza ciceroniana anche nell'esaltazione indiretta attraverso Fabrizio della figura dell'Uticense ; a questo l'oratore aveva dedicato a poca distanza dalla morte un elogio a cui lo stesso Cesare si era affrettato a rispondere con l'*Anticato* : le pagine dell'annalista si pongono senz'altro dopo tale vicenda.

Ma la collocazione della stesura tuberoniana si può forse ulteriormente precisare.

In *A.R.* XX 16, dove si narra della punizione del presidio di Regio nel 270 a.C. ad opera di C. Genucio, l'autore dionisiano è mosso dalla preoccupazione di dimostrare come la condanna sia avvenuta secondo le norme previste dalla legge e le procedure prescritte siano state pienamente rispettate. Si è già notato come l'insistenza su tale motivo faccia dubitare che essa sia dettata soltanto dal desiderio di confutare l'intervento tribunizio, riportato dal solo Valerio Massimo, a condanna del fatto che non fosse stata concessa ai ribelli la *prouocatio ad populum*.

Nel passo si precisa peraltro, se ovviamente l'affermazione non vorrà essere attribuita allo stesso Dionigi ([21]), che tale fu lo sdegno per

(19) Cfr. Peter, *H.R.R.*, I, CCCLXVIII.

(20) Sulla deformazione storica in Cicerone si vd. J. Zingler, *De Cicerone historico quaestiones*, Berlin, 1900, 7-9 ; L. Laurand, *L'histoire dans les discours de Cicéron*, *MB*, XV, 1911, 4-36, p. 28 ; M. Rambaud, *Cicéron et l'histoire romaine*, Paris, 1953, 46-50. Sul recupero e la rivalutazione della storia romana arcaica in Attico e sull'aiuto offerto in tal senso all'opera moralizzatrice di Augusto si vd. ora F. Millar, *Cornelius Nepos, «Atticus» and the Roman revolution*, *Greece and Rome*, XXXV, 1, 1988, 40-55, 49-55.

(21) Poiché la precisazione è strettamente connessa con il successivo ricordo della

l'accaduto che non si ebbe alcun sentimento di moderazione verso i ribelli : *ἐφ' οἷς οὕτως ὠργίσθη καὶ ἠγανάκτησεν ἥ τε βουλὴ καὶ ὁ δῆμος, ὥστε μηδεμίαν γνώμην ἐπιεικῆ γενέσθαι περὶ αὐτῶν, ἀλλὰ πάσαις ταῖς φυλαῖς ἁπάντων τῶν ἐν ταῖς αἰτίαις τὸν ἐπὶ τοῖς κακουργοῖς τεταγμένον ὑπὸ τῶν νόμων κατάψηφισθῆναι θάνατον.*

Nessuna annotazione analoga compare nella altre fonti ([22]), che ricordano solo, più o meno brevemente, la condanna a morte secondo il costume tradizionale : essa quindi caratterizzerebbe il luogo tuberoniano e sembrerebbe avere un preciso riferimento. Ora, il tema della «moderazione», circa un avvenimento posteriore, ma analogo a quello verificatosi nel 270 a.C., la condanna a morte dei congiurati di Catilina senza che venisse loro concessa la *prouocatio* (per la quale vicenda nel 58 a.C. Cicerone fu costretto all'esilio), compare chiaramente in un passo della *Coniuratio Catilinae* di Sallustio. In *Cat.* LI Cesare invoca a favore degli imputati proprio la moderazione, offrendo una serie di esempi per dimostrare come essa sia propria del mondo romano e risponda all'autentico *mos maiorum.* Così all'inizio del suo discorso egli dichiara che l'esempio degli antenati obbliga ad abbandonare ogni sentimento di ira : (*Cat.* LI 4) *Sed ea malo dicere quae maiores nostri contra lubidinem animi sui recte atque ordine fecere.* ... (*Cat.* LI 7) *Hoc item uobis prouidendum est, patres conscripti, ne plus apud uos ualeat P. Lentuli et ceterorum scelus quam uostra dignitas, neu magis irae uostrae quam famae consulatis.* Propone infine, secondo le leggi vigenti, la condanna all'esilio degli imputati : (*Cat.* LI 39-40) *Sed eodem illo tempore Graeciae morem imitati uerberibus animaduortebant in ciuis, de condemnatis summum supplicium sumebant. Postquam res publica adoleuit et multitudine ciuium factiones ualuere, circumueniri innocentes, alia huiuscemodi fieri coepere, tum lex Porcia aliaeque leges paratae sunt, quibus legibus exilium damnatis permissum est. ... Sed ita censeo : publicandas eorum pecunias, ipsos in uinculis habendos per municipia quae maxume opibus ualent, ne quis de eis postea ad senatum referat neue cum populo agat.*

Sul fronte opposto, Catone individua invece nell'inflessibilità il vero costume patrio : (*Cat.* LII 36) *Quare ego ita censeo, cum nefario consilio sceleratum ciuium res publica in maxuma pericula uenerit, iique indicio*

votazione e condanna a morte dei soldati sono indotta a credere che fosse presente, in questa o in altra forma, già nella fonte di Dionigi.

(22) Cfr. Pol. I 7, 8-13 ; Liv., *Per.* XV ; Or. IV 3, 3-6.

T. Volturci et legatorum Allobrogum conuicti confessique sint caedem, incendia aliaque se foeda atque crudelia facinora in ciuis patriamque parauisse, de confessis, sicuti de manufestis rerum capitalium, more maiorum supplicium sumundum.

La coincidenza di argomenti, seppure in senso opposto, circa eventi analoghi, tra *A.R.* XX 16 e Sall., *Cat.* LI è certo suggestiva e potrebbe suggerire una relazione tra i due passi.

Si è già notato che le *Historiae* tuberoniane sono successive almeno al 46 a.C., la perentorietà della precisazione escluderebbe d'altra parte che essa sia dettata solo dal ricordo degli eventi accaduti quasi vent'anni prima della stesura dell'opera, potrebbe avere invece giustificazione, lo si ipotizza ovviamente con cautela, proprio alla luce di una sua diretta dipendenza dall'opera sallustiana e del desiderio di fornire alla posizione catoniana un'ulteriore prova : la punizione del presidio del 270 a.C. sarebbe esempio del costume più tradizionalmente romano e giustificherebbe la decisione senatoria del 63 a.C. L'ipotesi potrebbe trovare una qualche conferma da un lato nell'atteggiamento già rilevato in Tuberone incline a ricostruire gli avvenimenti del passato con gli occhi rivolti alle vicende contemporanee, dall'altro nel precedente confronto instaurato con l'opera sallustiana, proprio con il passo immediatamente successivo a quelli qui citati e a cui è strettamente connesso, cioé *Cat.* LIII-LIV in cui è presentato il famoso confronto tra Catone e Cesare : entrambi i rinvii, si noterà, colgono in modo significativo il centro dell'opera di Sallustio e sembrano derivare da una sua recente lettura. Sulla base degli indizi offerti, si può quindi proporre, io credo, in via di ipotesi, non solo quale *term. post quem* delle *Historiae* tuberoniane la pubblicazione della *Coniuratio Catilinae*, ma anche che esse la seguano a breve distanza e cioé si collochino poco dopo il periodo tra il 42 e il 40 a.C. ([23]). In tal caso si dovrà ritenere che la raffigurazione dell'Uticense proposta da Tuberone voglia essere una risposta ai nuovi tentativi di parte cesariana di offrire una interpretazione più conveniente di tale personaggio : Tuberone cioé dimostrerebbe lucidità di giudizio nel cogliere il significato del confronto

(23) Viene quindi ulteriormente precisata la datazione gia proposta da OGILVIE, *A commentary ...*, 5 e confermata da G. ZECCHINI, *Cassio Dione e la guerra gallica di Cesare*, Milano, 1978, 107. Ricordo che la datazione della *Coniuratio Catilinae* è controversa, sul complesso problema si vd. lo *status quaestionis* di M. MCGUSHIN, *Sallustius, Bellum Catilinae, a commentary*, Leiden, 1977.

sallustiano e conserverebbe una delle prime e immediate risposte ad esso (24).

Da quanto finora esposto, risulterebbe quindi che Tuberone costituirebbe uno dei principali tramiti tra la seconda annalistica di età graccana e sillana e la storiografia augustea, che attraverso di lui si individuerebbe il centro di rielaborazione della storia romana, avvenuta durante tale passaggio, nell'ambiente ciceroniano ; che egli infine scriverebbe sotto l'influsso delle vicende appena trascorse a Roma, registrando nella sua opera i motivi delle contese del tempo e non sottraendosi a risposte polemiche verso pubblicazioni coeve : egli rivestirebbe dunque, per tutti questi motivi, un ruolo di spicco nella storiografia di età cesariana.

(24) Sulla *σύγκρισις* sallustiana cfr. da ultimo McGushin, *Sallustius* ..., 309-311 e Zecchini, *La morte di Catone* ..., 51-53.

La tecnica storiografica di Dionigi

Il racconto dei ll. XIX e XX accoglie, in sintonia con la concezione storiografica espressa da Dionigi nell'introduzione (I 1-8), osservazioni varie : topografiche e onomastiche ([1]), politico-sociali ([2]), storico-culturali ([3]), filosofiche ([4]), morali ([5]), militari ([6]), naturalistiche ([7]). Dionigi rimane fedele quindi anche negli ultimi due libri alla struttura data alla sua opera, che egli desiderava fosse : (I 8,3) *ἐξ ἁπάσης ἰδέας μικτὸν ἐναγωνίου τε καὶ θεωρητικῆς, ἵνα καὶ τοῖς περὶ τοὺς πολιτικοὺς διατρίβουσι λόγους καὶ τοῖς περὶ τὴν φιλόσοφον ἐσπουδακόσι θεωρίαν καὶ εἴ τισιν ἀοχλήτου δεήσει διαγωγῆς ἐν ἱστορικοῖς ἀναγνώσμασιν, ἀποχρώντως ἔχουσα φαίνηται. ἡ μὲν οὖν ἱστορία περὶ τοιούτων τε γενήσεται πραγμάτων καὶ τοιούτου τεύξεται σχήματος.*

Il fulcro della narrazione è tuttavia dato dalla guerra romano-epirota e a questo evento lo storico deve riservare particolare attenzione all'interno della storia romana, se ad esso dedica ben due libri. Egli sceglie peraltro due fonti che, per motivi diversi, rappresentavano entrambe una svolta all'interno del racconto annalistico su Pirro : Acilio per i suoi stretti collegamenti con la storiografia greca e il suo ruolo di connessione, attraverso la ripresa di Quadrigario, tra prima e seconda annalistica ; Tuberone per la sua opera di mediazione tra la seconda annalistica e la storiografia augustea. La scelta non si dovrà ritenere casuale : che Dionigi abbia consapevolezza del fatto che la stesura aciliana si basa su fonti greche lo dimostra la citazione di

(1) Cfr. *A.R.* XIX 1-4.

(2) Cfr. ad es. XIX 1, 1-3 (vicende dei Parteni) ; XIX 8 (episodio di Metone) ; XIX 15, 1 (rifiuto dell'usura e del lavoro servile da parte di Fabrizio) ; XX 4, 3-4 (vita degli aristocratici regini) ; XX 7, 1 (appoggio degli schiavi alla tirannide di Clinia) ; XX 17 (rivolta di un *ἄπορον πλῆθος* nel Sannio).

(3) Cfr. XIX 15, 4 e XX 13 (paragoni tra Roma e altre città).

(4) Cfr. XIX 7 ; XIX 13, 2 ; XX 4, 1.

(5) Cfr. XX 5 ; XX 6 ; XX 9.

(6) Cfr. XX 1.

(7) Cfr. XX 15.

Prosseno e dei *Commentari* di Pirro che da essa trae ; dall'altra parte i rapporti di amicizia con Tuberone inducono a credere che egli fosse cosciente della sua posizione all'interno della storiografia romana. Egli quindi non sceglie a caso e in ciò dimostra una certa capacità di selezionare il materiale a sua disposizione.

Usa tuttavia le sue fonti generalmente in forma separata, solo in due casi sembrerebbe intersecarle (XX 1-3 : battaglia di Ascoli ; XX 4-5 : affare di Regio), ma senza dare sufficiente coerenza (il giudizio è ovviamente approssimativo per la frammentarietà del testo) alla narrazione. Si rivela nel corso del racconto abbastanza fedele ad esse e ne conserva le diverse tendenze e interessi (scontri campali e figura di Pirro per Acilio, politica romana e C. Fabrizio per Tuberone), dimostrando uno scarso lavoro di rielaborazione. I suoi interventi diretti sono per lo più di carattere culturale (ad es. i confronti tra mondo greco e mondo romano) e filosofico : testimonianza ne sono in primo luogo i discorsi. In essi Dionigi mostra invece un ampio stadio rielaborativo delle sue fonti e la sua vasta e profonda conoscenza letteraria. Lo storico li usa qui innanzitutto per dare voce a due distinte concezioni di vita e modelli culturali (l'uno greco l'altro romano) e non manca talora, come si è visto, di accogliere al loro interno motivi propri dell'annalistica più recente (ad es. il parallelo instaurato tra Fabrizio e l'Uticense).

Così come i discorsi, l'intera narrazione è dominata da un alto concetto della Romanità, di cui lo storico, come si è tentato di dimostrare, cerca di individuare gli elementi costitutivi. Accanto, e in parte intrecciata con esso, si situa una visione provvidenzialistica della storia, in cui gli dei puniscono coloro che infrangono le loro leggi, affine a quella erodotea ([8]).

Problema infine a lungo dibattuto dalla critica è il rapporto tra Livio e Dionigi ([9]) : dall'analisi condotta risulta che la narrazione del secondo appare più chiaramente pro-fabriciana della versione liviana, ma si rivela anche più incerta e confusa nell'anticipazione dell'ambasceria romana a Pirro al 280 a.C. e nel sovvertimento della battaglia di Ascoli. Essa si dimostra, in ogni caso, in forma costante indipendente da Livio e anzi, attraverso Tuberone, tende a recuperare la versione mediana

(8) Sul rapporto fra Erodoto e Dionigi cfr. Usher, *The style* ..., 819 sgg.

(9) Su tale problema si vd. in particolare Klotz, *Livius* ..., *op. cit.* e Pabst, *Quellenkritische Studien* ..., *op. cit.*

tra lo storico patavino e la seconda annalistica : la circostanza indurrebbe a credere che Dionigi voglia almeno in parte ricostruire proprio le basi su cui la tradizione liviana si è formata.

Dionigi mostrerebbe quindi da un lato uno spirito autonomo nella scelta e lettura delle fonti, dall'altro un interesse particolare nel cogliere gli stadi di elaborazione dell'annalistica che sfociarono appunto in Livio, cioé nella futura vulgata : seppure non sembra manifestare una grande capacità rielaborativa delle fonti, tuttavia nella loro scelta e nell'interpretazione eminentemente «culturale» che offre del conflitto egli rivela una sua originalità e indipendenza all'interno della storiografia augustea.

BIBLIOGRAFIA

AA. VV., *Atti del decimo convegno di Studi sulla Magna Grecia — Taranto, 4-11 Ottobre* 1970, Napoli, 1971.

AA. VV., *Le classicisme à Rome aux Iers siècles avant et après J.-C.*, *Entretiens sur l'Antiquité Classique*, XXV, Fondation Hardt, Vandœuvres-Genève, 1972.

AA. VV., *L'Illyrie méridionale et l'Épire dans l'Antiquité*, a cura di P. CABANES, Clermont-Ferrand, 1987.

J. M. ALONSO-NÚÑEZ, *Die Abfolge der Weltreiche bei Dionysios von Halikarnassos, Historia*, XXXII, 1983, 411-426.

E. BADIAN, *Latin Historians*, London, 1966.

K. J. BELOCH, *Griechische Geschichte*, IV, 1 Abteil., Berlin, 1925[2].

K. J. BELOCH, *Römische Geschichte*, Berlin-Leipzig, 1926.

H. BENGTSON, *Grundriss der Römischen Geschichte*, in *Handbuch der Altertumswissenschaft*, München, 1967.

N. BERTI, *La decadenza romana e i viri antiqui : riflessioni su alcuni frammenti degli Annali di L. Calpurnio Pisone Frugi, Prometheus*, 1989, 39-58 ; 145-189.

H. BERVE, *Die Tyrannis bei den Griechen*, I, München, 1967.

E. J. BICKERMAN, *Apocryphal correspondence of Pyrrhus, CPh*, 1947, 137-146.

A. M. BIRASCHI, *Q. Elio Tuberone in Strabone V, 3, 3 ?, Athenaeum*, LIX, 1981, 195-199.

G. BOSCHK, *De fontibus libr. V et VI Ant. Rom. Dionysii Hal. quaestiones variae, Leipziger Studien*, XVII, 1895, 166-274.

G. W. BOWERSOCK, *Augustus and the Greek world*, Oxford, 1965.

G. C. BRAUER Jr., *Taras : its history and coinage*, New Rochelle-New York, 1986.

M. BRETONE, *Quale Tuberone ?, Iura*, XXVII, 1976, 72-74.

T. R. BROUGHTON, *The magistrates of the Roman Republic*, I, New York, 1960.

P. CABANES, *L'Épire de la mort de Pyrrhos à la conquête romaine (272-167), Annales Littéraires de l'Université de Besançon*, 186, Paris, 1976.

S. CAGNAZZI, *Politica e retorica nel preambolo del Περὶ τῶν ἀρχαίων ῥητόρων di Dionigi di Alicarnasso, RFIC*, CIX, 1981, 52-59.

L. CANFORA, *Teorie e tecniche della storiografia classica. Luciano, Plutarco, Dionigi, Anonimo su Tucidide*, Bari, 1974.

F. Cassola, *I gruppi politici romani nel III sec. a.C.*, Trieste, 1962.

E. Ciaceri, *Sulla spedizione del re Pirro in Sicilia*, Catania, 1902.

E. Ciaceri, *Storia della Magna Grecia*, I-III, Milano, 1924-1932.

H. Delbrück, *Geschichte der Kriegskunst*, I, Berlin, 1920[3] = Berlin, 1964.

G. De Sanctis, *Storia dei Romani*, II, Firenze, 1960[2].

T. J. Dunbabin, *The Western Greeks*, Oxford, 1968[2].

I. E. M. Edlund, *Dionysios of Halikarnassos. Liberty and democracy in Rome, CB*, LIII, 1976, 27-31.

J. Flierle, *Über Nachahmungen des Demosthenes, Thucydides, und Xenophon in den Reden d. röm. Archäol. des Dionysios*, Prog. d. Ludwigs-Gymn., München, 1889-1890.

G. Forni, *Manio Curio Dentato. Uomo democratico, Athenaeum*, XXXI, 1953, 170-240.

T. Frank, *Roman Imperialism*, New York, 1914 = New York, 1972.

T. Frank, *The Hellenistic monarchies, CAH*, VII, Cambridge, 1928, 638-752.

P. Fraccaro, *L'organizzazione politica dell'Italia romana* in *Atti del congresso intern. di diritto romano*, I, Roma, 1933, 195 sgg. = *Opuscula*, I, Pavia, 1956, 103-114.

E. Gabba, *Storici greci dell'Impero romano da Augusto ai Severi, RSI*, LXXI, 1959, 368-369.

E. Gabba, *Studi su Dionigi di Alicarnasso : la costituzione di Romolo, Athenaeum*, XXXVIII, 1960, 175-225.

E. Gabba, *Studi su Dionigi di Alicarnasso III : la proposta di legge agraria di Spurio Cassio, Athenaeum*, XLII, 1964 (*Studi Malcovati*), 29-41.

E. Gabba, *Considerazioni sulla tradizione letteraria sulle origini della Repubblica*, in *Les origines de la République Romaine, Entretiens sur l'Antiquité Classique*, t. XIII, Fondation Hardt, Vandœuvres-Genève, 1966, 135-169.

E. Gabba, *Storiografia greca e imperialismo romano (III-I sec. a.C.), RSI*, LXXXVI, 1974, 625-642.

E. Gabba, *La storia di Roma arcaica di Dionigi d'Alicarnasso, ANRW*, II 30-1, Berlin-New York, 1982, 799-816.

E. Gaida, *Die Schlachtschilderungen in den Ant. Rom. des D.v.H.*, Breslau, 1934.

P. Garouphalias, *Pyrrhus, king of Epirus*, London, 1979.

F. Geyer, *RE*, XII, 2 1925, *Leonnatos*, col. 2038.

G. Giannelli, *La Magna Grecia da Pitagora a Pirro*, Milano, 1928.

G. P. Goold, *A Greek professional circle, TAPhA*, XCII, 1961, 168-192.

S. Gozzoli, *Polibio e Dionigi d'Alicarnasso, SCO*, XXV, 1976, 149-176.

G. T. Griffith, *The mercenaries of the Hellenistic world*, Cambridge, 1935.

P. Grimal, *Der Hellenismus und der Aufstieg Roms*, Frankfurt am Main und Hamburg, 1965 = *L'Ellenismo e l'ascesa di Roma*, Milano, 1967.

P. Grimal, *Le siècle des Scipions*, Paris, 1975².
G. M. A. Grube, *The Greek and Roman critics*, London, 1955.
E. S. Gruen, *The Hellenistic world and the coming of Rome*, I, Berkeley-Los Angeles, 1984.
F. Halbfas, *Theorie und Praxis in der Geschichtsschreibung bei Dionys von Halikarnass*, Münster, 1910.
O. Hamburger, *Untersuchungen über den pyrrhischen Krieg*, Diss. Würzburg, 1927.
N. G. L. Hammond, *Epirus. The geography, the ancient remains, the history and the topography of Epirus and adjacent areas*, Oxford, 1967.
W. Hoffmann, *Der Kampf zwischen Rom und Tarent im Urteil der antiken Ueberlieferung, Hermes*, 1936, 11-24.
W. Hoffmann, *Rom und die griechische Welt in 4. Jahrhundert*, Philol. Suppl. 27, 1, 1937.
M. Holleaux, *Strategos hypatos*, Paris, 1918.
J. Hornblower, *Hieronymus of Cardia*, Oxford, 1981.
A. Hurst, *Un critique grec dans la Rome d'Auguste. Denys d'Halicarnasse, ANRW* II 30-1, Berlin-New York, 1982, 839-865.
M. Jacquemod, *Sulle direttive di Pirro in Italia, Aevum*, 1932, 445-472.
W. Judeich, *König Pyrrhus' römische Politik, Klio*, XX, 1925, 1-18.
G. Kennedy, *The art of rhetoric in the Roman world*, Princeton, 1970.
D. Kienast, *RE*, 24, 1 1963, s.v. *Pyrrhos* n. 13, coll. 108-165.
A. Kiessling, *The Dionysii Halicarnasei Antiquitatum auctoribus Latinis*, Lipsiae, 1859.
E. Klebs, *RE*, I 1894, *Acilius* n. 4, col. 251.
A. Klotz, *Zu den Quellen der Archailogia des Dionysios von Halikarnassos, RhM*, LXXXVII, 1938, 32-50.
A. Klotz, *Livius und Dionys, Neue Wege zur Antike*, II-11, Teubner, 1941, 201-303.
V. La Bua, *Filino-Polibio, Sileno-Diodoro*, Palermo, 1966.
V. La Bua, *Prosseno e gli ὑπομνήματα Πύρρου, III Miscellanea greca e romana*, Roma, 1971, 1-61.
V. La Bua, *Regio e Decio Vibellio, III Miscellanea greca e romana*, Roma, 1971, 63-141.
V. La Bua, *Pirro in Pompeo Trogo-Giustino*, in *Scritti storico-epigrafici in memoria di Marcello Zambelli* (a cura di L. Gasperini), Roma, 1978, 181-205.
V. La Bua, *La spedizione di Pirro in Sicilia, VII Miscellanea greca e romana*, Roma, 1980, 179-254.
V. La Bua, *Due note su Timeo*, IX *Miscellanea greca e romana*, Roma, 1984, 89-103.
M. Launey, *Recherches sur les armées hellénistiques*, I, Paris, 1949.

L. Laurand, *L'histoire dans les discours de Cicéron, MB* XV, 1911, 4-36.

M. R. Lefkowitz, *Pyrrhus' negotiations with the Romans 280-278 b.C., HSCP,* LXIV, 1959, 147-177.

P. Lévêque, *Pyrrhos*, Paris, 1957.

E. Manni, *Pirro e gli stati greci nel 281-280 a.C., Athenaeum*, XXVII, 1949, 102-121.

E. Manni, *Roma e Cartagine κατὰ τὴν τοῦ Πύρρου διάβασιν, Κώκαλος*, IV, 1958, 3-7.

E. Manni, *Roma e l'Italia nel Mediterraneo antico*, Torino, 1973.

E. Manni, *L'oracolo delfico e la fondazione di Regio*, in *Perennitas*, Studi in onore di A. Brelich, Roma, 1980, 312-320.

P. M. Martin, *La propagande augustéenne dans les Antiquités romaines de Denys d'Halicarnasse (livre I), REL*, XLIX, 1971, 162-179.

S. Mazzarino, *Il pensiero storico classico*, II, 1 Bari, 1966.

P. McGushin, *Sallustius, Bellum Catilinae, a commentary*, Leiden, 1977.

F. Millar, *Cornelius Nepos, «Atticus» and the Roman revolution, Greece and Rome*, XXXV 1, 1988, 40-55.

A. Momigliano, *Atene nel III secolo e la scoperta di Roma nelle Storie di Timeo di Tauromenio, RSI*, LXXI, 1959, 529-556 = *III Contributo alla storia degli studi classici e del mondo antico*, I, Roma, 1966, 23-53.

A. Momigliano, *Storiografia greca*, RSI LXXXVII 1975, 17-46 = *VI Contributo alla storia degli studi classici e del mondo antico I*, Roma, 1980, 33-67.

Th. Mommsen, *Die Patrizischen Claudier, Röm. Forschungen*, I, Berlin, 1864 = Hildesheim, 1962, 285-318.

F. Münzer, *Atticus als Geschichtsschreiber, Hermes*, 1905, 52-84.

D. Musti, *Tendenze nella storiografia romana e greca. Studi su Livio e Dionigi d'Alicarnasso*, *QUCC*, X, Roma, 1970.

A. B. Nederlof, *Plutarchus' Leven van Pyrrhos. Historische Commentaar*, Paris, 1940.

A. B. Nederlof, *Pyrrhus van Epirus*, Amsterdam, 1978.

G. Nenci, *Pirro. Aspirazioni egemoniche e equilibrio mediterraneo*, Torino, 1953.

G. Nenci, *Il trattato romano-cartaginese κατὰ τὴν τοῦ Πύρρου διάβασιν, Historia*, VII, 1958, 263-299.

B. G. Niebuhr, *Römische Geschichte*, III, Berlin, 1853.

B. Niese, *Geschichte der griechisch. und maked. Staaten*, I-II, Gotha, 1893-1899.

B. Niese, *Zur Geschichte des pyrrhischen Krieges, Hermes*, XXXI, 1896, 481-507.

K. W. Nitzsch, *Die römische Annalistik*, Berlin, 1873 = Hildesheim-New York, 1974.

R. M. Ogilvie, *A commentary on Livy. Books 1-5*, Oxford, 1965.

W. Pabst, *Quellenkritische Studien zur inneren römischen Geschichte der älteren Zeit bei T. Livius und Dionys von Halikarnass*, Innsbruck, 1969.

E. Pais-J. Bayet, *Histoire romaine*, I, Paris, 1926.

A. Passerini, *Sulle trattative dei Romani con Pirro, Athenaeum*, XXI, 1943, 92-112.

M. Pavan, *Postille a Dionigi d'Alicarnasso, Memorie Acc. Patavina di Scienze, Lettere ed Arti*, Cl. di Sc. morali LX, Padova, 1946-1947, 1-32.

G. Pavano, *Dionisio d'Alicarnasso. Saggio su Tucidide*, Palermo, 1958.

C. Peter, *Dionysius von Halikarnass und Livius, RhM*, XXIX, 1874, 513-560.

N. Petrochilos, *Roman attitudes to the Greeks*, Athens, 1974.

L. Piccirilli (a cura di), *Gli arbitrati interstatali greci*, Pisa, 1973.

G. Poma, *Schiavi e schiavitù in Dionigi d'Alicarnasso, RSA*, XI, 1981, 69-101.

M. Rambaud, *Cicéron et l'histoire romaine*, Paris, 1953, 46-50.

E. Rawson, *The first latin annalists, Latomus*, XXXV, 1976, 689-717.

W. Rhys Roberts, *The literary circle of Dionysius of Halicarnassus, CR* XIV, 1900, 439-442.

A. Rosenberg, *Einleitung und Quellenkunde zur römischen Geschichte*, Berlin, 121.

G. Rotondi, *Leges publicae populi Romani*, Milano, 1912 = Hildesheim, 1966.

K. S. Sacks, *Historiography in the rhetorical works of Dionysius of Halicarnassus, Athenaeum*, LXI, 1983, 65-87.

E. T. Salmon, *A topographical study of the battle of Ausculum, PBSR*, 1932, 44-51.

L. Santi-Amantini, *La data del trattato di navigazione fra Roma e Taranto e la situazione politico-sociale di Roma, Memorie dell'Ist. Lomb. di Scienze e Lettere*, 1975, 173-190.

F. Sandberger, *Prosopographie zur Geschichte des Pyrrhos*, Stuttgart, 1970.

C. Saulnier, *L'histoire militaire de la Rome archaïque chez Denys d'Halicarnasse, Bulletin de l'Ass. G. Budé*, IVe série, 1972, 283-295.

R. von Scala, *Der Pyrrhische Krieg*, Berlin-Leipzig, 1884.

C. Scano, *L'intervento romano in Regio, RAL*, 1925, 70-87.

H. Schaefer, *Staatform und Politik*, Leipzig, 1932.

M. T. Schettino, *Interessi storici e letture storiografiche di Aulo Gellio, Latomus*, XLV, 1986, 347-366.

M. T. Schettino, *Aulo Gellio e l'annalistica, Latomus*, XLVI, 1987, 123-145.

R. Schubert, *Geschichte des Pyrrhos*, Königsberg, 1894.

C. Schultze, *Dionysius of Halikarnassus and his audience, Past Perspective* 1986, 121-141.

E. Schwartz, *RE*, V, 1903, *Dionysios*, coll. 934-961.

H. H. Scullard, *A history of Roman world 753-146 b.C.*, London, 1968.

H. H. Scullard, *Roman Politics*, Oxford, 1972².
M. Sordi, *Roma e i Sanniti nel IV sec. a.C.*, Bologna, 1969.
M. Sordi, *Dionigi I e gli Italioti, Aevum*, 1978, 1-16.
W. Tarn, *Antigonos Gonatas*, London, 1969².
O. Tomasini, *Per l'individuazione di fonti storiografiche anonime latine in Dionigi d'Alicarnasso, AFLT*, 1964-1965, 153-174.
M. Untersteiner, *Dionisio inventore della critica pseudo-epigrafica, Anales Filologia Clasica*, VII 1, 1959, 12-19.
S. Usher, *The style of Dionysius of Halicarnassus in the Antiquitates Romanae, ANRW*, II 30-1, Berlin-New York 1982, 817-838.
G. Vallet, *Rhégion et Zancle*, Paris, 1958.
R. Vattuone, *In margine ad un problema di storiografia ellenistica : Timeo e Pirro, Historia*, XXXI, 1982, 245-248.
H. Verdin, *La fonction de l'histoire selon Denys d'Halicarnasse, AncSoc*, V, 1974, 289-307.
F. W. Walbank, *A historical commentary on Polibius*, I-II, Oxford, 1957-1967.
C. B. Welles, *Royal correspondence in the Hellenistic period*, New Haven, 1934.
E. Will, *Histoire politique du Monde Hellénistique, 323-30 avant J.-C.*, Nancy, 1966.
P. Willems, *Le Sénat de la République Romaine*, I, Louvain, 1885².
P. Willeumier, *Tarente, des origines à la conquête romaine*, Paris, 1939.
G. Zecchini, *Cassio Dione e la guerra gallica di Cesare*, Milano, 1978.
G. Zecchini, *La morte di Catone e l'opposizione intellettuale a Cesare e ad Augusto, Athenaeum*, LVIII, 1980, 39-56.
G. Zecchini, *Cn. Manlio Vulsone e l'inizio della corruzione a Roma, CISA*, VIII 1982, 159-178.
M. Zimmerer, *Der Annalist Q. Claudius Quadrigarius*, München, 1937.
J. Zingler, *De Cicerone historico quaestiones*, Berlin, 1900.

INDICE DEI NOMI

Acilio, C. : p. 11 ; 32 e n. 17 ; 33 ; 34 ; 35 ; 42 ; 46 ; 47 e n. 10 ; 48 ; 49 ; 50 e n. 16 ; 51 ; 52 ; 55 ; 56 e nn. 11 e 12 ; 62 ; 69 ; 71 ; 72 e n. 10 ; 75 ; 76 e n. 7 ; 81 ; 91 ; 92 e n. 3 ; 94 e n. 7 ; 95 e nn. 9 e 11 ; 104 ; 105.
Agatocle : p. 66 n. 10 ; 67 ; 68 e nn. 14 e 15 ; 70 n. 1.
Agide : p. 86.
Agostino, Aurelio, sant' : p. 78 n. 3.
Ainesias : p. 19 n. 1.
Alceo : p. 26 n. 7.
Alessandro (figlio di Pirro) : p. 68 n. 14.
Alonso-Nuñez, J. M. : p. 10 n. 11.
Ammiano Marcellino : p. 60 n. 1.
Anassila : p. 12 n. 23 ; 63.
Anneo Floro, L. : p. 47 n. 9 ; 60 n. 1 ; 74 n. 1 ; 78 n. 3.
Anneo Seneca, L. : p. 60 n. 1.
Annibale : p. 33 e n. 21 ; 48.
Appiano : p. 7 ; 19 n. 1 e 2 ; 20 n. 3 ; 21 e n. 6 ; 25 n. 5 ; 26 e n. 9 ; 27 n. 11 ; 28 e n. 14 ; 37 e n. 2 ; 38 n. 7 ; 40 ; 54 n. 7 ; 60 e n. 1 ; 61 e n. 7 ; 68 n. 14 ; 70 n. 2 ; 87.
Aristotele : p. 26 n. 7.
Artimede : p. 14.
Attilio Regolo, M. : p. 99.
Augusto : p. 90 e n. 9.

Balacro : p. 70.
Badian, E. : p. 80 n. 7.
Beloch, K. J. : p. 20 nn. 2 e 4 ; 34 n. 22 ; 38 n. 7 ; 46 n. 4 ; 47 n. 9 ; 53 n. 1 ; 54 e nn. 3 e 4 ; 74 nn. 2 e 3.
Bengtson, H. : p. 31 e n. 9.
Berti, N. : p. 80 n. 7.
Berve, H. : p. 63 n. 1.
Bickerman, E. J. : p. 10 n. 12 ; 11 n. 17 ; 31 e nn. 12, 14 e 16 ; 32 ; 33 ; 60 n. 4 ; 61 n. 7.
Biraschi, A. M. : p. 98 n. 14.
Boschk, G. : p. 8 n. 6 ; 9 n. 7.
Bowersock, G. W. : p. 98 n. 14.
Brauer, G. C. : p. 14 n. 31.
Bretone, M. : p. 98 n. 14.
Broughton, T. R. : p. 26 n. 10 ; 37 n. 6 ; 78 n. 1.

Cabanes, P. : p. 45 n. 2 ; 68 n. 14.
Cagnazzi, S. : p. 9 n. 10 ; 90 n. 9.
Calpurnio Pisone, L. : p. 80 n. 7 ; 97 e n. 10.
Canfora, L. : p. 10 n. 11.
Cantarelli, F. : p. 7 nn. 2 e 3 ; 98 n. 14.
Cary, E. : p. 19 n. 1.
Cassio Emina, L. : p. 95 n. 11.
Cassola, F. : p. 20 n. 3 ; 27 n. 13 ; 28 n. 15 ; 31 n. 14 ; 53 n. 1 ; 54 nn. 3 e 8 ; 58 n. 21.
Ciaceri, E. : p. 10 n. 12 ; 13 n. 28 ; 27 n. 11 ; 37 e n. 4 ; 53 n. 1 ; 54 n. 4 ; 63 n. 1 ; 65 n. 7.
Cinea : p. 30 ; 38 n. 9 ; 40 ; 56 ; 87.
Claudio Cieco, Appio : p. 38 n. 9 ; 40 ; 56 ; 87 ; 99 e n. 17.
Claudio Quadrigario, Q. : p. 32 e n. 17 ; 33 ; 39 ; 58 ; 60 e n. 1 ; 61 n. 7 ; 94 ; 95 ; 104.
Clearco : p. 21 e n. 99.
Cleonimo : p. 61.
Clinia : p. 12 n. 23 ; 63 ; 104 n. 2.
Cornelio Blasione, Cn. : p. 55 n. 9.
Cornelio Dolabella, P. : p. 36 ; 37 e n. 6 ; 40.
Cornelio Rufino, P. : p. 12 n. 23 ; 77.
Cornelio Scipione, P. : p. 33.
Coruncanio, Ti. : p. 99 n. 17.
Curio Dentato, M'. : p. 28 e n. 15 ; 75 ; 99 n. 17.

Decio Campano : p. 12 n. 23 ; 53 ; 54 e nn. 5 e 7 ; 56 ; 57 ; 72 ; 88 e n. 8 ; 92.
Degrassi, A. : p. 28 n. 15 ; 75 n. 4.
Delbrück, H. : p. 29 n. 3.
De Sanctis, G. : p. 20 n. 2 ; 21 n. 6 ; 30 n. 3 ; 34 n. 22 ; 35 n. 25 ; 38 n. 7 ; 53 n. 1 ; 54 n. 3 ; 70 n. 1 ; 74 n. 3.
Dexicrate : p. 56 ; 91.

Dinarco : p. 70.
Diodoro Siculo : p. 14 n. 28 ; 54 e n. 7 ; 64 e n. 4 ; 70 n. 2.
Dione Cassio : p. 7 ; 19 n. 1 ; 20 n. 3 ; 21 n. 5 ; 22 e n. 13 ; 25 nn. 5 e 6 ; 28 e n. 14 ; 34 n. 22 ; 37 n. 2 ; 42 e n. 17 ; 46 n. 3 ; 54 n. 7 ; 60 n. 1 ; 70 n. 2 ; 78 n. 3 ; 98 e n. 12.
Dionisio I di Siracusa : p. 12 n. 23 ; 63 ; 65 ; 66 n. 10.
Dunbabin, T. J. : p. 63 n. 1.
Duride : p. 11.

Edlund, I. E. M. : p. 10 n. 11 ; 90 n. 9.
Eleno (figlio di Pirro) : p. 68 n. 14.
Eliano : p. 60 n. 1.
Elio Tuberone, L. : p. 99 ; 100.
Elio Tuberone, Q. : p. 97 e n. 10 ; 98 ; 99 e n. 17 ; 100 ; 101 ; 102 ; 103 ; 104 ; 105.
Emilio Barbula, L. : p. 12 n. 22 ; 24 ; 25 e n. 3 ; 26 ; 27 e n. 11 ; 28 nn. 14 e 15 ; 41 ; 86 ; 91 ; 95 n. 11.
Emilio Papo, Q. : p. 27 ; 28 ; 32 ; 33 ; 36 ; 37 e n. 6 ; 38 e n. 9 ; 40 ; 41 ; 61.
Ermocrate : p. 65 n. 7.
Erodoto : p. 29 n. 2 ; 57 n. 15 ; 105 n. 8.
Eutropio : p. 37 n. 2 ; 46 n. 3 ; 47 n. 9 ; 51 n. 20 ; 60 n. 1 ; 74 n. 1 ; 96 n. 3.
Evagora : p. 70.

Fabio Massimo, Q. : p. 77.
Fabio Pittore, Numerico : p. 77.
Fabrizio Luscino, C. : p. 12 nn. 22 e 23 ; 28 ; 32 ; 33 e n. 20 ; 36 ; 37 ; 38 e nn. 8 e 9 ; 39 e nn. 12 e 14 ; 40 ; 41 ; 42 ; 53 ; 54 ; 55 ; 56 ; 57 ; 58 e n. 21 ; 60 ; 61 ; 62 ; 77 ; 78 e n. 2 ; 79 ; 80 n. 7 ; 81 ; 84 ; 86 n. 3 ; 87 ; 88 ; 90 ; 91 ; 95 ; 96 ; 97 e n. 10 ; 98 ; 99 e n. 17 ; 100 ; 104 e n. 2 ; 105.
Filino : p. 64 n. 4.
Filocare : p. 19 n. 1.
Filonide : p. 20 ; 21.
Flierle, J. : p. 41 n. 16.
Forni, G. : p. 27 n. 13 ; 28 n. 15 ; 74 n. 3.
Fraccaro, P. : p.27 n. 13.
Frank, T. : p. 27 n. 13 ; 38 n. 7 ; 39 n. 12 ; 54 nn. 2, 3 e 5.
Fulvio Flacco, M. : p. 58 e n. 21 ; 59 n. 22.

Gabba, E. : p. 9 n. 8 ; 9 n. 9 ; 10 n. 11 ; 11 n. 18 ; 22 n. 16 ; 24 n. 1 ; 72 n. 10 ; 90 n. 9.
Gaida, E. : p. 29 n. 3.
Garouphalias, P. : p. 10 n. 12 ; 20 n. 3 ; 27 n. 11 ; 31 n. 14 ; 38 n. 7.
Gellio, Aulo : p. 32 e n. 18 ; 39 ; 46 n. 3 ; 60 n. 1 ; 61 ; 78 n. 3 ; 95 n. 10 ; 96 n. 2 ; 97 n. 8.
Gelone : p. p. 65 n. 7.
Genucio Clepsina, C. : p. 55 e n. 9 ; 58 ; 77 ; 100.
Geyer, F. : p. 34 n. 23.
Giannelli, G. : p. 63 n. 1.
Giulio Cesare, C. : p. 98 ; 100 ; 101 ; 102.
Giulio Frontino, Sex. : p. 46 n. 3 ; 49 ; 51 e n. 19 ; 60 n. 1 ; 74 n. 1 ; 79 ; 96 n. 3.
Giustino, Giuniano : p. 25 n. 4 ; 35 e n. 25 ; 37 e n. 2 ; 38 e n. 10 ; 46 n. 3 ; 47 n. 9 ; 68 e n. 14 ; 69 n. 19 ; 86 n. 4 ; 92.
Goold, G. P. : p. 9 n. 10.
Gozzoli, S. : p. 10 n. 11 ; 16 n. 36.
Griffith, G. T. : p. 30 n. 3.
Grimal, P. : p. 20 n. 3 ; 38 n. 7.
Grube, G. M. A. : p. 9 n. 10.
Gruen, E. S. : p. 31 n. 14 ; 79 n. 5.

Halbfas, F. : p. 9 n. 8.
Hamburger, O. : p. 10 n. 12 ; 22 n. 12 ; 26 n. 8 ; 27 n. 13 ; 28 n. 15 ; 30 e n. 7 ; 31 n. 15 ; 39 n. 14 ; 47 n. 9 ; 54 n. 2 ; 54 n. 3 ; 60 n. 3 ; 74 nn. 2 e 3.
Hammond, N. G. L. : p. 45 n. 2.
Heinen, H. : p. 38 n. 7.
Hoffmann, W. : p. 10 ; n. 12 ; 21 n. 9 ; 22 n. 12 ; 31 e n. 11 ; 34 n. 22.
Holleaux, M. : p. 31 n. 14.
Hornblower, J. : p. 34 n. 24 ; 73 n. 13.
Hurst, A. : p. 10 n. 10.

Ierone : p. 65 n. 7.
Ieronimo di Cardia : p. 8 ; 11 ; 30 n. 3 ; 34 e n. 24 ; 35 e n. 27 ; 38 e n. 10 ; 46 e n. 3 ; 47 e nn. 7 e 11 ; 48 ; 50 n. 16 ;

51 ; 52 ; 69 e n. 18 ; 73 e n. 13 ; 75 ; 76 n. 1 ; 81 ; 92 ; 93 e n. 6 ; 94 ; 95.

Jacoby, C. : p. 11 n. 20 ; 13 n. 26 ; 19 n. 1.
Jacquemod, M. : p. 37 e n. 4 ; 53 n. 1 ; 54 n. 3.
Judeich, W. : p. 10 n. 12 ; 31 n. 14 ; 38 n. 7 ; 39 n. 12 ; 47 n. 9 ; 54 n. 2.

Kennedy, G. : p. 9 n. 10.
Kienast, D. : p. 29 n. 1 ; 38 n. 7.
Kiessling, A. : p. 9 n. 7 ; 19 n. 1.
Klebs, E. : p. 32 n. 17.
Klotz, A. : p. 9 n. 8 ; 105 n. 9.

La Bua, V. : p. 11 n. 19 ; 35 nn. 25 e 26 ; 38 n. 10 ; 46 e nn. 4 e 6 ; 47 nn. 7 e 8 ; 54 nn. 1, 3, 6, 7 e 8 ; 55 n. 9 ; 57 n. 13 ; 58 n. 21 ; 64 e nn. 4 e 5 ; 65 e n. 7 ; 66 n. 8 ; 67 e n. 11 ; 68 n. 13 ; 71 e nn. 6 e 8 ; 73 e n. 11 ; 76 n. 7 ; 92 n. 3 ; 95 n. 8.
Launey, M. : p. 30 n. 3.
Laurand, L. : p. 100 n. 20.
Lefkowitz, M. R. : p. 10 n. 12.
Leofrone : p. 63.
Leonnato : p. 29 ; 34 e n. 23 ; 93.
Leucippo : p. 14 e n. 33 ; 15.
Lévêque, P. : p. 10 n. 12 ; 11 n. 18 ; 12 n. 25 ; 22 n. 12 ; 25 nn. 2 e 4 ; 26 n. 8 ; 27 nn. 11 e 13 ; 29 n. 2 ; 30 n. 3 ; 31 e nn. 8, 14 e 15 ; 34 nn. 22 e 24 ; 35 nn. 25 e 26 ; 37 e n. 5 ; 38 n. 7 ; 45 nn. 1 e 2 ; 46 n. 4 ; 47 nn. 7, 9 e 10 ; 48 e n. 15 ; 50 n. 17 ; 51 nn. 18 e 19 ; 53 n. 1 ; 54 n. 3 ; 60 n. 3 ; 64 e n. 2 ; 65 ; 67 n. 11 ; 68 n. 3 ; 70 n. 1 ; 71 nn. 6 e 8 ; 74 nn. 2 e 3 ; 76 n. 7.
Licinio Marco. C. : p. 50 n. 17.
Livio, Tito : p. 11 ; 30 n. 3 ; 31 ; 32 ; 37 n. 2 ; 40 ; 46 n. 3 ; 51 e n. 19 ; 54 e n. 7 ; 60 n. 1 ; 74 n. 1 ; 78 n. 3 ; 96 n. 3 ; 101 n. 22 ; 105 ; 106.
Lucrezio, L. : p. 12 n. 24.

McGushin, M. : p. 102 n. 23 ; 103 n. 24.

Manni, E. : p. 10 n. 12 ; 13 n. 28 ; 20 e n. 4 ; 25 nn. 2 e 4 ; 26 n. 8.
Marcio Coriolano, Cn. : p. 12 n. 24.
Marcio Filippo. Q. : p. 25 ; 26 n. 10 ; 95 n. 11.
Martin, P. M. : p. 9 n. 9.
Mazzarino, S. : p. 34 n. 24 ; 35 nn. 26 e 27 ; 47 n. 7 ; 61 e n. 8 ; 92 n. 4.
Menenio Agrippa : p. 12 n. 24.
Metone : p. 22 ; 24 ; 25 n. 6 ; 26 e n. 8 ; 86 ; 91 ; 104 n. 2.
Millar, F. : p. 100 n. 20.
Momigliano, A. : p. 10 n. 11 ; 16 n. 35.
Mommsen, Th. : p. 27 n. 13.
Musti, D. : p. 10 n. 11.

Nederlof, A. B. : p. 10 n. 12 ; 31 n. 15 ; 34 n. 22 ; 37 e n. 5 ; 74 nn. 2 e 31.
Nenci, G. : p. 10 n. 12 ; 29 n. 2 ; 30 n. 4 ; 31 e nn. 13 e 16 ; 33 n. 21 ; 39 n. 14.
Nicia : p. 61.
Niebuhr, B. G. : p. 20 n. 2 ; 38 n. 7.
Niese, B. : p. 10 n. 12 ; 11 n. 16 ; 20 n. 2 ; 30 e n. 6 ; 31 n. 15 ; 37 e n. 3 ; 54 nn. 2 e 3.
Nitzsch, K. W. : p. 27 n. 13.

Oblaco Volsinio : p. 12 n. 22 ; 29 ; 34 e n. 24 ; 92 ; 93.
Ogilvie, R. M. : p. 97 n. 9 ; 98 n. 14 ; 102 n. 23.
Ogulnio, Q. : p. 77.
Orosio, Paolo : p. 46 n. 3 ; 47 n. 9 ; 51 n. 20 ; 54 n. 7 ; 74 n. 1 ; 96 n. 3 ; 101 n. 22.

Pabst, W. : p. 9 n. 8 ; 105 n. 9.
Pais, E. : p. 31 e n. 10.
Passerini, A. : p. 10 n. 12 ; 25 n. 2 ; 27 n. 13 ; 28 n. 15 ; 37 e n. 4 ; 39 n. 12.
Pausania : p. 46 n. 7 ; 93 e n. 5.
Pavan, M. : p. 10 n. 11.
Pavano, G. : p. 9 n. 10.
Peter, C. : p. 9 n. 7.
Peter, H. : p. 32 n. 17 ; 33 nn. 19, 20 e 21 ; 46 n. 3 ; 80 n. 7 ; 95 n. 9 ; 97 n. 10 ; 100 n. 19.

Petrochilos, N. : p. 22 n. 14 ; 23 n. 17.
Piccirilli, L. : p. 31 n. 14.
Platone : p. 21 n. 9 ; 26 n. 7.
Plinio Secundo, C. (il Vecchio) : p. 78 n. 3 ; 81 n. 7.
Plutarco : p. 22 e n. 12 ; 25 n. 5 ; 29 n. 1 ; 30 n. 3 ; 34 n. 22 ; 37 e n. 2 ; 38 e nn. 9 e 10 ; 39 ; 40 ; 46 e n. 3 ; 47 e nn. 9 e 11 ; 48 ; 50 n. 16 ; 51 ; 52 ; 60 n. 1 ; 64 e nn. 3 e 4 ; 65 ; 66 ; 67 e n. 11 ; 68 e n. 16 ; 74 n. 1 ; 70 n. 3 ; 86 n. 4 ; 87 ; 88 ; 92 ; 96 n. 1 ; 97 n. 10.
Polibio : p. 15 ; 16 e n. 36 ; 22 e nn. 10 e 15 ; 53 ; 54 n. 7 ; 101 n. 22.
Poma, G. : p. 10 n. 11.
Pompeo Trogo : p. 35 e n. 25 ; 38.
Pomponio Attico, T. : p. 99 e n. 18 ; 100 e n. 20.
Porcio Catone, M. (il Censore) : p. 80 ; 90.
Porcio Catone, M. (Uticense) : p. 42 ; 90 ; 97 ; 98 ; 100 ; 101 ; 102 ; 105.
Postumio : p. 12 n. 22 ; 20 ; 21 ; 91.
Postumio Albino, A. : p. 95 n. 9.
Prosseno : p. 8 e n. 4 ; 11 ; 35 e nn. 25, 26 e 27 ; 46 ; 47 e nn. 7 e 8 ; 50 n. 16 ; 51 ; 52 ; 56 e n. 12 ; 57 ; 61 ; 62 ; 64 n. 4 ; 66 e n. 10 ; 69 ; 70 e n. 1 ; 71 e n. 8 ; 72 e n. 10 ; 73 ; 75 ; 76 e n. 7 ; 81 ; 92 e n. 3 ; 94 e n. 7 ; 95 e n. 8 ; 105.

Rambaud, M. : p. 100 n. 20.
Rawson, E. : p. 80 n. 7.
Rhys Roberts, W. : p. 9 n. 10.
Rosenberg, A. : p. 11 n. 18.
Rotondi, G. : p. 244 n. 1.

Sacks, K. S. : p. 10 n. 10.
Sallustio Crispo, C. : p. 42 ; 101 ; 102.
Salmon, E. T. : p. 45 n. 1.
Salmon, P. : p. 45 n. 2.
Sandberger, F. : p. 34 n. 23 ; 37 n. 6.
Santi-Amantini, L. : p. 20 n. 2.
Saulnier, C. : p. 10 n. 11.
Scala, R. (von) : p. 10 n. 12 ; 11 n. 14 ; 20 e n. 4 ; 34 n. 22 ; 38 n. 7 ; 46 n. 4 ; 53 n. 1 ; 54 nn. 3 e 5 ; 64 e n. 3.
Scano, C. : p. 54 nn. 2 e 5.
Schaefer, H. : p. 31 n. 14.
Schettino, M. T. : p. 7 n. 1 ; 99 n. 15.
Schubert, R. : p. 10 n. 12 ; 11 n. 15 ; 22 n. 12 ; 30 e n. 5 ; 34 n. 22 ; 35 n. 27 ; 38 n. 7 ; 47 n. 9 ; 65 n. 7 ; 70 n. 1 ; 71 n. 9.
Schultze, C. : p. 10 n. 11.
Schwartz, E. : p. 9 n. 10.
Scullard, H. H. : p. 26 n. 10 ; 27 n. 12 ; 38 n. 7 ; 80 n. 7.
Sempronio Tuditano, C. : p. 99.
Senofonte : p. 18 n. 1.
Sergio Catilina, L. : p. 101.
Serse : p. 29 n. 2.
Settimio Florente Tertulliano : p. 78 n. 3.
Sincello : p. 74 n. 1.
Sordi, M. : p. 20 n. 2 ; 66 n. 10.
Sosistrato : p. 63.
Stefano di Bisanzio : p. 46.
Strabone : p. 22 e nn. 11 e 15.

Taide : p. 19 ; 21.
Tarn, W. W. : p. 74 n. 2.
Teofrasto : p. 21 n. 9.
Timeo : p. 11 ; 22 n. 12 ; 64 e nn. 3 e 4 ; 65 n. 7 ; 66 n. 10 ; 67 e n. 11 ; 71 n. 6.
Timoleonte : p. 65 n. 7.
Toinone : p. 63 ; 64.
Tolemeo Cerauno : p. 37 e n. 7.
Tolemeo Filadelfo : p. 12 n. 23 ; 77 ; 79 ; 89 ; 91.
Tomasini, O. : p. 9 n. 8.
Tucidide : p. 19 n. 1.
Tullio Cicerone, M. : p. 60 n. 1 ; 61 n. 6 ; 80 n. 7 ; 99 e nn. 16, 17 e 18 ; 100 e n. 20 ; 101.

Untersteiner, M. : p. 9 n. 10.
Usher, S. : p. 10 n. 11 ; 57 n. 15 ; 105 n. 8.

Valerio Anziate : p. 32 ; 33 e n. 20 ; 39 ; 46 n. 3 ; 48 n. 12 ; 51 ; 58 ; 60 e n. 1 ; 96 ; 97.
Valerio Levino, P. : p. 12 n. 22 ; 29 ; 31 ; 33 ; 34 ; 93.
Valerio Massimo : p. 58 e n. 20 ; 59 n. 22 ; 60 n. 1 ; 70 n. 2 ; 78 n. 3 ; 100.
Vallet, G. : p. 13 n. 28.

Vattuone, R. : p. 65 n. 7 ; 68 n. 13.
Verdin, H. : p. 9 nn. 9 e 10 ; 16 n. 36.
Veturio Gemino, T. : p. 12 n. 24.

Walbank, F. W. : p. 22 n. 10 ; 53 n. 1.
Welles, C. B. : p. 31 n. 14.
Will, E. : p. 31 e n. 14.
Willems, P. : p. 27 n. 12 ; 36 n. 1.
Wuilleumier, P. : p. 10 n. 12 ; 14 n. 31 ; 20 e nn. 2 e 4 ; 21 n. 9 ; 22 n. 12 ; 25 nn. 2 c 4 ; 26 n. 8 ; 27 n. 11 ; 28 n. 15 ; 31 nn. 14 e 15 ; 37 e n. 5 ; 38 n. 7 ; 47 n. 9 ; 48 e n. 14 ; 53 n. 1 ; 54 nn. 3 e 5 ; 74 n. 3.

Zecchini, G. : p. 23 n. 17 ; 98 n. 13 ; 102 n. 23 ; 103 n. 24.
Zimmerer, M. : p. 32 n. 17.
Zingler, J. : p. 100 n. 20.
Zonara, G. : p. 19 n. 2 ; 25 nn. 5 e 6 ; 26 n. 9 ; 27 n. 11 ; 28 e n. 14 ; 29 n. 1 ; 37 n. 2 ; 46 n. 3 ; 47 n. 9 ; 50 ; 60 n. 1 ; 74 n. 1 ; 78 n. 3 ; 86.

SOMMARIO

Introduzione 7

Capitolo primo : Dallo scontro nelle acque tarantine all'ambasceria romana a Pirro (*A.R.* XIX) 17

Dionigi XIX 4, 1-5 : la scontro navale e l'ambasceria di Postumio 19
Dionigi XIX 6-8 : le posizioni nel senato romano — la spedizione di L. Emilio Barbula — il gruppo filo-romano a Taranto 24
Dionigi XIX 9-12 : la corrispondenza Pirro-Valerio Levino — l'episodio della spia — Oblaco 29
Dionigi XIX 13-18 : l'ambasceria romana a Pirro del 280 a.C....... 36

Capitolo secondo : Dalla battaglia di Ascoli alla rivolta del Sannio (*A.R.* XX) 43

Dionigi XX 1-3 : la battaglia di Ascoli 45
Dionigi XX 4-5 : i fatti di Regio 53
Dionigi XX 6 : il tentativo di tradimento ai danni di Pirro 60
Dionigi XX 7-8 : le tirannide in Magna Grecia — la spedizione in Sicilia di Pirro 63
Dionigi XX 9-10 : il saccheggio del tempio di Locri 70
Dionigi XX 11-12 : la battaglia di Benevento 74
Dionigi XX 13-15 e 17 : la censura di C. Fabrizio — l'ambasceria romana presso Tolemeo — la sottomissione del Bruzio — la rivolta del Sannio 77

Conclusioni 83

Il racconto di Dionigi 85
Le fonti di Dionigi 91
a) C. Acilio 91
b) La seconda fonte dionisiana 95
La tecnica storiografica di Dionigi 104

Bibliografia 107

Indice dei nomini 113

Sommario 119